ABRÉGÉ

DE LA VIE & DU MARTYRE

DES RÉVÉRENDS PÈRES

AGATHANGE DE VENDÔME

ET

CASSIEN DE NANTES,

CAPUCINS, PRESTRES.

EXTRAIT de plusieurs Manuscrits contemporains, déposés dans les Archives des Couvens des Capucins de Tours & de Rennes.

Avec un Discours préliminaire en forme de Préface sur la Dignité du Martyre.

Par le R. P. EMMANUEL de Rennes,

Capucin de la Province de Bretagne, ancien Lecteur de Théologie & Définiteur.

2e ÉDITION

PARIS, 1882.

Maurice TARDIEU, Éditeur,

Boulevard Saint-Germain, 195.

MARTYRE

DE

DEUX CAPUCINS A GONDAR.

ABRÉGÉ

DE LA VIE & DU MARTYRE

DES RÉVÉRENDS PÈRES

AGATHANGE DE VENDÔME

ET

CASSIEN DE NANTES,

CAPUCINS, PRESTRES.

EXTRAIT de plusieurs Manuscrits contemporains, déposés dans
les Archives des Couvens des Capucins de Tours & de Rennes.

*Avec un Discours préliminaire en forme de Préface
sur la Dignité du Martyre.*

Par le R. P. EMMANUEL de Rennes,

Capucin de la Province de Bretagne, ancien Lecteur de Théologie &
Définiteur.

2e ÉDITION.

PARIS, 1882 :

chez N. LECOFFRE, Rue Bonaparte, 90.

AU LECTEUR.

Quoique bien déchue de son ancienne splen-
deur, la ville de Gondar, située en Dambya, continue à être regardée comme la capitale de l'É-
thiopie. C'est là surtout que résident les membres de l'ancienne famille royale dont le droit
à la couronne sommeille comme celui d'autres
Princes dépossédés aujourd'hui chez nous. Ainsi
que la majorité des habitants de Gondar, cette
famille conserve encore par tradition la foi catholique avec assez peu de variations pour qu'il
faille être théologien avant d'en reconnaître les
faibles écarts. Au contraire, la pratique de cette
foi est tombée dans un délabrement insigne par
l'intermittence et le dédain des Abun ou évêques
schismatiques qui dogmatisent rarement et n'en-
seignent jamais, et dont les fonctions, solitaires
en Éthiopie, ne sont critiquées ni par des supé-

rieurs, ni même par des collègues, car un Abun n'en a point.

Le souvenir du martyre de deux Capucins Français vit encore dans le district de Dambya à l'état de légende. Leur histoire, peu connue de nos jours en France, est relatée dans un rare petit volume publié à Rennes en Bretagne dans l'année 1756. Nos séjours fréquents dans Gòndar ayant appelé notre attention sur une tradition dont cette capitale est fière, nous en reproduisons l'histoire authentique en y conservant religieusement ses naïvetés pour montrer de quels récits se nourrissait la foi de nos pères.

Paris 1882, Mars 21.

ANTOINE D'ABBADIE,
de l'Institut de France (Académie des Sciences).

AUX RÉVÉRENDS PÈRES

SUPÉRIEURS

ET

RELIGIEUX

DES PROVINCES

DES CAPUCINS

DE TOURAINE ET DE BRETAGNE.

———

MES RÉVÉRENDS PÈRES,

Vous m'avez paru souhaiter que quelqu'un
d'entre Nous donnât au Public les Vies de deux
Religieux de notre Ordre & de nos deux Provinces, qui par leur Sainteté & leur Martire en
ont fait l'ornement & la gloire. Vos désirs sont
justes ; rien de plus légitime que de chercher à
faire connoître des Hommes dont les vertus hé-
roïques, sont, après Dieu source de tout bien, les
productions de l'esprit d'un Ordre qui nous est
commun : ce n'est pas chercher sa propre gloire,
c'est chercher celle de son état ; & si l'on y trouve

de quoi se glorifier, c'est en Dieu, qui seul fait les Saints, qu'on se glorifie.

Je me suis prêté d'autant plus volontiers à vos désirs, MES RÉVÉRENDS PÈRES, que quelques anciens manuscrits qui m'étoient tombés par hazard sous la main, me mettoient en état de les satisfaire en partie ; heureux si j'avois pu suivre les RÉVÉRENDS PÈRES AGATHANGE DE VENDÔME & CASSIEN DE NANTES dans toutes leurs démarches, & pénétrer cette longue suite de vertus qui les a préparés au Martyre, & les a enfin conduits.

C'est dans ces mêmes manuscrits dont les Auteurs sont hors de tout soupçon d'infidélités, que j'ai vu avec admiration le nombre prodigieux des Religieux de nos deux Provinces, Provinces qui longtems n'en ont fait qu'une, & que la multiplicité seule des nouveaux établissemens a séparés, lesquels se sont consacrés à aller porter les lumières de l'Evangile chez les Nations Infidèles. Le même esprit de zèle pour le salut de ceux qui ont eu le malheur de naître dans les ténébres de l'erreur ou qui s'y sont volontairement précipités, continue de régner parmi vous ; & il est aisé de s'en convaincre, quand on fera attention que vous entretenez encore aujourd'hui des Missions à Lascara & à Nicosie, dans l'isle de Chypre, à Alep, à Damas, Seyde & Tripoly en Syrie, à Diaberkir, à Meredin en Mésopotamie, à Mosul au-

tresfois Ninive en Medie, à Bagdad autresfois Ba-
bilone en Chaldée, Tauris ou Ecbatane en Armenie, à Ispahan dans la Perse, à Surate dans les
Indes orientales, à Madras & à Pondichery sur
les Côtes de Coromandel, au Caire en Egypte, à
Berite, à Abbaye, à Gazir, à Solyma dans la Palestine, sans compter les Missions internes auxquelles les Provinces du Poitou & de l'Aunis que
vous occupez fournissent un ample & pénible
carrière. Eh combien de Saints Martyrs de la
charité n'y ont-ils pas terminé leur glorieuse vie
par des travaux immenses, dont le seul récit fer-
meroit la bouche à ceux qui dans ces tems malheureux où régne le Déïsme, veulent qu'on regarde les Religieux comme des hommes inutiles?
Qu'ils les regardent comme des hommes redou-
tables à l'impiété de leurs Dogmes dont ils s'ef-
forcent de remplir l'Univers, ils auront raison,
& c'est bien ce qui les rend de si mauvaise hu-
meur contr'eux; mais qu'ils rendent justice à
leurs travaux : ce n'est pas sans peine qu'on s'ex-
patrie, qu'on passe les Mers les plus orageuses,
les Déserts les plus brûlans, qu'on se confine dans
des Pays dont les climats sont si opposés au tem-
pérament Européen, sans autre intérêt que celui
de gagner des Ames à JÉSUS-CHRIST.

Mais je sens, MES RÉVÉRENDS PÈRES, que le
désir que j'ai que tout le Monde vous rende la
justice qui vous est dûe, m'engage à des éloges

qui paroîtront peut-être déplacés sous ma plume, & qu'il me convient mieux, en vous priant d'accepter favorablement ce petit Ouvrage que je vous présente, d'ensevelir les éloges qui vous sont dûs sous le respect profond avec lequel je suis,

MES RÉVÉRENDS PÈRES,

Votre très-humble & obéissant Serviteur

F. EMMANUEL de Rennes, Capucin.

APPROBATIONS DE L'ORDRE.

J'ai lu par ordre de Notre Révérend Père Provincial, un Manuscrit qui a pour titre : Abrégé de la vie des Pères AGATHANGE *de Vendôme &* CASSIEN *de Nantes, Capucins, Prêtres, martyrisés en Éthiopie* : lequel Manuscrit a été composé par le Révérend Père Emmanuel de Rennes, ancien Lecteur & Définiteur de notre Ordre ; & j'ai remarqué avec autant de plaisir que d'édification, que l'Auteur profite avec une attention scrupuleuse, de tous les traits de son Histoire, pour inspirer à ses Lecteurs le goût de la Piété, l'amour de la Religion, & un zèle ardent de la Gloire de Dieu, & du salut des Ames. Les principes de l'Ouvrage sont solides, les maximes orthodoxes, les faits constatés, les portraits vifs & naturels, le stile également clair & noble, & le tout m'a paru digne d'être présenté au Public ; en foi de quoi, j'ai signé en notre Couvent de Rennes, le quinzième jour de Juin 1755.

Fr. GABRIEL-ANGE *de Rennes, Définiteur & Gardien des Capucins de Rennes, & ancien Lecteur de Théologie.*

J'ai lu par ordre du Révérendissime Père Général, & par commission du Révérend Père Provincial, un Manuscrit intitulé : *Abrégé de la Vie des Révérends Pères* AGATHANGE *de Vendôme* & CASSIEN *de Nantes, &c.* L'Auteur en y faisant revivre deux Religieux ensevelis, ce semble, dans les ténébres avec toutes les vertus qui rendent dignes du plus grand jour, présente au Lecteur un double modèle d'une vie exemplaire & sainte, & d'une foi ardente & victorieuse ; & le Lecteur lui doit la gloire d'avoir employé les talens de sa plume pour faire connoître en Touraine & en Bretagne deux Eléves aussi propres à honorer l'une & l'autre Province après leur mort, qu'ils ont été attentifs à les édifier pendant leur vie. A Vannes ce 18 Juin 1755.

Fr. JOSEPH D'AUDIERNE, *Exlecteur de Théologie.*

Nous F. Jerôme de la Fléche, Professeur en Théologie, & Provincial des Capucins de la Province de Bretagne, ayant par l'ordre du Révérendissime Père Général, lu & examiné le Livre qui a pour titre : *Abrégé de la Vie & du Martire des Révérends Pères* AGATHANGE *de Vendôme,* & CASSIEN *de Nantes, Capucins, Prêtres.* Extrait & composé par le Révérend Père Emmanuël de Rennes, ancien Définiteur & Gardien dans la même Province, de plusieurs Manuscrits contemporains déposés dans les Archives des Couvens des Capucins de Tours & de Rennes; avec un Discours préliminaire sur la dignité du Martyre, Nous déclarons n'y avoir rien trouvé qui pût en retarder l'Impression; & qu'au contraire tout y est propre à contenter l'esprit, à toucher le cœur & à édifier beaucoup ceux qui en feront la lecture. Donné dans notre Couvent des Capucins de Vannes, ce 17 Juin 1755.

F. JERÔME de la Flêche, Provincial.

Nous Fr. Aimé de Lamballe, Professeur en Théologie, Exprovincial des Capucins de la Province de Bretagne, Définiteur, Procureur & Commissaire Général de l'Ordre.

Le Révérend Père Emmanuel de Rennes, Professeur en Théologie, ancien Définiteur de notre Province des Capucins de Bretagne, & Gardien du Couvent de l'Hermitage, désirant de donner au Public un Livre qui a pour titre : Abrégé de la Vie, & du Martyre des R. R. P. P. AGATHANGE de Vendôme & CASSIEN de Nantes, &c: Et ce Livre ayant été, suivant les ordres de notre Révérendissime Père Général, examiné & approuvé par le Révérend Père Jerôme de la Flêche, Provincial, & deux Professeurs en Théologie de la même Province; en vertu des présentes, Nous permettons que cet Ouvrage soit imprimé, aux conditions qu'on observera, tout ce qui est d'ailleurs prescrit dans le Royaume par rapport à l'Impression des Livres. Donné à Rome dans notre Couvent de l'Immaculée Conception, sous notre seing & le grand sceau de notre Office, ce 20 Août 1755.

    Fr. AIMÉ *de Lamballe, comme dessus, &c.*

DISCOURS SUR LA DIGNITÉ
DU MARTYRE.

Les vrais Fidéles prennent trop d'intérêt dans ces Héros qui ont répandu leur sang pour cette foi qui les réunit avec eux, pour qu'on doute un moment de la satisfaction qu'ils reçoivent dans le récit des combats que les Martyrs ont essuyé, & de la mort glorieuse qu'ils ont subi en triomphant de leurs Tyrans & des tourmens que les Bourreaux leur ont fait souffrir, sans que leur patience ait éprouvé aucune altération, ni leur constance aucune foiblesse indigne de la Religion dont ils sont les témoins & les preuves les plus éclatantes.

Nous ne sçaurions refuser notre admiration & nos éloges à ceux, qui dans le même état que nous, en ont porté la perfection au dégré le plus sublime : Chrétiens comme nous & Chrétiens Catholiques, dont l'état exige d'être dans les dispositions constantes de verser son sang plûtôt que d'abandonner aucune des vérités annoncées par JÉSUS-CHRIST, & par son Eglise qu'il en a rendu dépositaire. Les Martyrs ont été placés par la Divine Providence dans ces circonstances critiques, où il falloit passer des dispositions à l'effet, & sceler de leur sang des articles de foi qu'il nous suffit de croire de cœur & de confesser de bouche pour notre salut : Disciples de JÉSUS-CHRIST comme tous les autres Saints, mais plus conformes à leur Divin Maître dont ils ont partagé la croix, les tourmens & les ignominies d'une mort violente pour la cause de Dieu ; leur sainteté est d'autant plus éminente que par le seul acte du Martyre ils pratiquent dans un dégré héroïque toutes les vertus, soit théologales, soit morales qui font les Saints.

En effet, est-il un plus noble effort de la foi que de souffrir la mort, avec toutes les horreurs des circonstances dont la fureur des Tyrans & des Bourreaux toujours plus ingénieux à tourmenter les Martyrs, que les plus infames criminels, l'accompagne, pour des objets dont les sens ne nous donnent aucune notion, et que la seule autorité de la révélation appuyée à la vérité sur des motifs évidens de crédibilité, mais dont les passions travaillent sans cesse à éteindre la lumière, nous propose à croire ? Aussi JÉSUS-CHRIST appelle-t-il les Martyrs les témoins de la foi qu'il est venu prêcher sur la terre ; & les Pères de l'Eglise les nomment les Princes, les Pères, les Auteurs de notre foi, les Panégyristes de la vérité évangélique, la plénitude de la Loi, c'est-à-dire, ceux qui l'ont remplie dans toute son étendue; & Saint Cyprien dans son Livre *de Duplici Martyrio,* dit que le Martyre rend à la Divine Puissance un témoignage plus autentique que tous les miracles : Voici ses paroles, « le témoignage » du sang répandu par les Martyrs fut toujours » plus efficace en faveur de la foi que tout l'éclat » des miracles; car combien le Seigneur n'avoit- » il pas guéri par sa seule parole de maladies in- » curables, combien n'avoit-il pas éclairé d'aveu- » gles, à combien de paralitiques, de manchots, » de boiteux n'avoit-il pas rendu l'usage de leurs » membres? Et cependant peu croyoient en lui » à la vûe de toutes ces merveilles. Il restoit une » ressource à l'incrédulité, c'est au nom & dans » la puissance du Démon, disoit-elle, en la pré- » sence même du Sauveur, qu'il opère toutes ces » merveilles; mais dès que le sang a coulé, le » royaume de Satan a été détruit, le Monde a été » vaincu & subjugué, & la foi ensanglantée a plus » brillé que lorsqu'elle n'étoit éclairée que par les » prodiges; » le Martyre est donc en même-tems & le triomphe de la Religion chrétienne, & la preuve la plus incontestable d'une foi héroïque dans ceux qui l'ont subi.

Il est encore celle de l'espérance la plus solide : « lorsque les Martyrs, dit Saint Ambroise, souf- » frent la mort avec tant d'assurance, ils mani-

» festent évidemment l'espérance de l'immortalité
» qui les anime; car jamais ils ne donneroient avec
» tant de fermeté & de constance une vie qui a
» toujours flatté ceux qui en jouissent, s'ils n'es-
» péroient sans hésiter dans une vie incompara-
» blement plus heureuse.» Ce qui faisoit dire au
Sage en parlant de ceux qui dans l'ancienne Loi
avoient souffert pour l'honneur du Temple & du
Tabernacle : «les âmes des Justes sont dans les
» mains de Dieu, & le tourment de la mort ne les
» touchera point . . . . Et s'ils ont souffert des
» supplices devant les Hommes, leur espérance
» est pleine de l'immortalité dont ils jouissent, ils
» sont aujourd'hui remplis & rassasiés des biens
» qui leur ont été promis, & qui ont fait jusques-
» là le sujet de leur espérance. »

Mais cette première en dignité, cette plus ex-
cellente de toutes les vertus, celle à laquelle
tendent toutes les autres, la charité, éclate d'une
manière d'autant plus sublime dans le Martyre,
que c'est elle qui fait véritablement les Martyrs
selon Tertulien, qu'en eux elle est consommée
& portée jusqu'à la plénitude : tel est l'oracle prononcé par JÉSUS-CHRIST même, que personne
ne peut témoigner un plus grand amour qu'en
donnant sa vie pour ceux qu'on aime.

Si des vertus théologales nous passons aux
morales, nous trouverons que le Martyre les renferme toutes, toujours dans un dégré héroïque :

la prudence, cette vertu morale qui nous dirige dans chacune de nos actions, en nous faisant connoître ce que nous devons éviter, & ce que nous devons pratiquer selon les circonstances ; n'est-elle pas la vertu propre du Martyre que Saint Grégoire de Nazianze appelle la négociation de toutes la plus prudente, puisque par le prix d'un peu de sang répandu on achète le Royaume céleste, & on échange des biens fragiles & inconstans avec une gloire éternelle.

Celui qui donne sa vie pour JÉSUS-CHRIST, est aussi juste que prudent, il accomplit toute justice, dit Saint Cyprien, puisqu'il rend à Dieu tout ce qu'il avoit reçu de Dieu, réparant avec un pinceau trempé dans le sang de JÉSUS-CHRIST & de son propre sang l'Image de Dieu défigurée par le péché, rendant en quelque façon son droit à JÉSUS-CHRIST en témoignage duquel il reçoit volontairement la mort, lui rendant vie pour vie, consommant enfin la passion du Sauveur, & suppléant à ce qui y manquoit dans son application.

On ne refusera pas aux Martyrs la gloire de la tempérance, vertu qui nous dispose à user modérément des plaisirs des sens ; quel héroïsme d'y renoncer même entièrement, & de se priver de celui qui est le principe de tous les autres, la vie, à laquelle tous les Hommes ont une si forte attache qu'ils ne peuvent en envisager la perte sans frémir : d'où on conclura encore que le Martyre est premièrement & principalement l'acte de la quatrième vertu morale à qui on donne le nom de force. C'est par cette vertu de la force que les Martyrs résistent aux Tyrans sans être effrayés de leurs menaces ; qu'ils méprisent les biens qu'on leur offre s'ils veulent renoncer à la foi sans se laisser entraîner aux vaines espérances d'une félicité trompeuse, & qui ne séduit que les âmes faibles, qu'ils souffrent tous les tourmens des Bourreaux jusqu'à épuiser leur fureur sans y sucomber ; de sorte que selon Saint Thomas dans sa 22. Q. 124. art. 2., le Martyre est un acte de force comme la vertu qui le produit immédiatement, de même qu'il est un acte de la charité qui le commande, & un acte de foi qu'il considère comme sa fin.

L'Eglise est tellement convaincue que le Martyre renferme toutes les vertus dans le dégré le plus éminent, que lorsqu'elle procéde à la canonisation d'un Martyr, elle ne forme aucun doute sur la sainteté du sujet, elle n'éxige aucun miracle en confirmation de ses vertus comme elle le fait à l'égard des Confesseurs, du moins n'en éxigeoit-elle aucun dans les premiers siècles ; & si elle en éxige aujourd'hui, ce n'est que pour s'assurer d'avantage de la persévérance finale du Martyr : il lui suffit, généralement parlant, qu'il lui *conste* du Martyre & de la cause du Martyre pour inscrire dans ses fastes, & placer dans ses Temples & sur ses Autels à la suite de JÉSUS-CHRIST celui qu'elle reconnoît avoir répandu son sang pour sa gloire ; c'est à la cause qu'elle s'attache principalement, c'est cette cause qu'elle examine avec toute la sagesse que l'esprit saint dirige en elle, tant du côté du Tyran qui a prononcé la Sentence de mort que du côté du Sujet qui l'a subie ; le Tyran a-t-il prononcé en haine de la foi ou de quelqu'autre vertu qui a rapport à la foi, & dont les actes sont prescrits par elle ? Que le Tyran soit catholique, qu'il soit hérétique ou payen, il n'importe : c'est dès lors la cause de Dieu & la première preuve d'un légitime Martyre, à laquelle il ne manque pour la rendre complette que la certitude que le Martyr a de son côté souffert la mort par le même motif qui l'y a fait condamner.

Cette certitude a deux objets, le premier, que le Martyr a de son côté souffert pour cause appartenante à la foi ; le second, qu'il a persévéré jusqu'à la mort dans la volonté constante de souffrir & de mourir pour elle. Que le Martyr ait souffert pour cause appartenante à la foi, c'est ce qui se prouve évidemment par les motifs de sa détention, les intérogatoires qu'il a subi, les réponses qu'il a faites, la Sentence qui a été prononcée contre lui, ses discours, ses actions dans les tourmens ; circonstances qui sont mûre-

ment examinées par l'Eglise pour juger si la
vaine gloire, l'animosité contre ses persécuteurs
ou quelqu'autre motif contraire à la sainteté ne
se seroient point glissés dans son esprit & dans
son cœur : le moindre doute sur ces articles
pour peu qu'il parût fondé arrêteroit les procédures, rien n'étant capable de lever ce doute,
que le témoignage de Dieu par les prodiges & les
miracles. Si cette voix ne se faisoit pas entendre,
le Martyr pourroit en avoir la palme dans le Ciel;
mais l'Eglise ne lui en décerneroit jamais les honneurs sur la terre.

Le second objet de certitude que l'Eglise en-
visage dans le Martyre, c'est que celui qu'on propose à son culte en qualité de Martyr ait persévéré jusqu'à la mort inclusivement dans la volonté
ferme & constante de mourir pour la foi : on
comprend assez que c'est la plus grande difficulté ; le jugement de l'Eglise ne pouvant tomber
du moins immédiatement sur l'intérieur des hommes, Dieu seul étant le vrai & unique scrutateur
des cœurs ; mais ne conste-t-il pas suffisamment
au Souverain Pontife, informé par les procédures
les plus exactes, de la persévérance finale intérieure d'un Martyr, dès qu'elle se manifeste par
des actes extérieurs qui expriment jusqu'à la mort
& dans le moment même de la mort autant qu'il
est possible, le motif divin qui l'anime à souffrir?
Si le Confesseur de la foi n'a pas nié, dit Saint

Cyprien, mais est mort dans les tourmens, il a
persévéré : sur les paroles de ce Saint, le Cardinal de Laurea s'écrie, qui est-ce qui a jamais
douté de la persévérance des Martyrs qui ont
expirés dans la confession de la foi! « Qu'on
» lise les Martirologes, qu'on lise les actes du
» Martyre de Saint Pierre & de Saint Paul, qui
» après avoir été détenus pendant neuf mois dans
» les prisons pour la Religion de JÉSUS-CHRIST
» qu'ils prêchoient, ayant été accusés devant Ne-
» ron à son retour d'Achaïe d'avoir détourné des
» Concubines devenues chrétiennes de retourner
» à leurs Corrupteurs, furent condamnés à mort
» sans que dans leur Sentence il fut fait aucune
» mention de la foi ; combien l'Eglise ne recon-
» noit-elle pas de Martyrs », continue ce sçavant
Prélat, « qui mis dans les fers pour la cause de
» la foi, sont morts en prison de mort naturelle
» sans que personne ait de preuve de leur per-
» sévérance? »

Elle est présumée sans témérité cette persévérance finale dans ceux qui ont expiré ou médiate-
ment ou immédiatement dans les tourmens pour
cause appartenante à la foi, & qui jusqu'au dernier moment où ils ont pu parler & agir, ont
témoigné par leurs paroles & leurs actions qu'ils
mourroient volontairement pour elle, & l'Eglise
suffisamment instruite par ces preuves extérieures,
peut juger avec certitude que ces Serviteurs de

Dieu ont persévéré jusqu'à la mort, & au moment même de la mort dans la foi & la volonté de mourir pour JÉSUS-CHRIST, qu'ils ont obtenu la grace finale & la rémission de toutes les peines dues au péché dans l'instant après lequel ils sont immédiatement expirés, puisque c'est dans cet instant que le Martyre est censé consommé.

Cependant l'Eglise, qui ne compte point sur l'assistance du Saint Esprit qu'elle n'ait employé toute la diligence possible à la prudence humaine, l'Apôtre ordonnant d'éprouver tout & de ne retenir que ce qui est bon & conforme à la foi, a jugé que dans les causes qui concernent les canonisations des Martyrs, causes arbitraires & non nécessaires, c'est-à-dire, que le Souverain Pontife n'est point nécessité de définir, il falloit s'en tenir au plus sûr & à ce qui étoit le plus capable de fermer la bouche aux Hérétiques & aux Incrédules, qui attaquent sans pudeur l'autorité du Saint Siége dans la canonisation des Saints. Elle éxige dans la pratique, sans néanmoins avoir rien décidé jusqu'ici sur la nécessité, qu'il conste que le Seigneur a parlé par la voix des prodiges, pour inscrire dans les fastes des Martyrs ceux que d'ailleurs elle reconnoît avoir véritablement répandu leur sang pour JÉSUS-CHRIST : sur quoi la prudence de l'Eglise Romaine mérite les plus grands éloges, en ce qu'elle a admis de nouvelles précautions, la malice des hommes croissant de jour

en jour; précautions qui dans des tems plus re-
culés, tems pleins de charité & à couvert des
traits de l'impiété, n'étoient pas en usage, parce
qu'on ne les jugeoit pas nécessaires, & qu'en effet
elles ne l'étoient pas.

La preuve faite par les prodiges est enfin la
pierre angulaire contre laquelle viennent se bri-
ser tous les faux Martyrs des Hérétiques & des
Schismatiques; car ils veulent à toute force avoir
des Martyrs & des Saints. On auroit beau leur
représenter que l'unique cause du Martyre est la
mort soufferte pour la foi de l'Eglise Catholique,
Apostolique & Romaine, que hors cette Eglise
il n'y a point de salut; c'est ce dont ils ne con-
viennent pas, & leurs opiniâtres préjugés leur
dictent que la vraie foi est dans leur Secte; qu'au
reste toutes les Sectes sont bonnes, pourvu qu'on
ne nie pas les articles fondamentaux de la Religion de JÉSUS-CHRIST. Dans cette fausse persuasion, on a vu des Hérétiques & des Schismatiques répandre leur sang pour les dogmes dont
ils faisoient profession, avec autant d'heroïsme
en apparence que les plus zélés Catholiques.
Jusques-là tout paroît égal aux yeux des hommes,
quoiqu'à éxaminer de près ceux d'entr'eux qui
ont été condamnés à mort par Sentence des Juges
Catholiques, on a vu dans eux plus de fermeté
que de véritable grandeur d'âme, plus de stoï-
cisme que de religion. Des plaintes amères contre

leurs Juges & leurs Bourreaux, plaintes qui ne se
ressentoient en rien de la patience de JÉSUS-
CHRIST & de l'amour qu'il témoigna pour ceux
qui le faisoient mourir, en demandant pardon
pour eux à Dieu son père, faisoient assez connoître
qu'ils ne souffroient pas avec JÉSUS-CHRIST ni
pour JÉSUS-CHRIST.

D'ailleurs, combien nous citera-t-on d'Hérétiques qui ayent répandu leur sang pour attester
leurs erreurs? Très-peu assurément; & parmi ce
petit nombre, à peine en a-t-on vu deux réunis
dans la même communion, & qui ne souffrissent
la mort pour des erreurs contradictoires les unes
aux autres! Quelle foule au contraire de Martyrs
dans l'Eglise Romaine, réunis dans la communion d'une même foi, détestant tous les mêmes
erreurs, professant tous les mêmes vérités!

Déjà l'inégalité entre les prétendus Martyrs
des Hérétiques, & ceux de l'Eglise Romaine, se
fait sentir à tout homme raisonnable; & on ne
peut assez s'étonner de ce qu'un sçavant Anglois,
forcé d'avouer que l'Eglise Romaine n'avoit jamais varié dans ses dogmes, aimant mieux devenir incrédule que de se rendre Catholique ait
posé, pour principe, afin de renverser tous les
dogmes dont il reconnoissoit la perpétuité dans
la communion du Saint Siége, « que le Martyre
» ne donnoit pas plus d'autorité aux Catholiques
» touchant les dogmes qu'ils nous ont transmis,

» qu'il n'en donnoit aux Hérétiques en faveur
» des erreurs qu'ils défendoient. »

Mais c'est à la toute-puissance de Dieu à décider. Jamais l'hérésie ni le schisme n'ont produit
ni ne produiront de miracles en preuve de la
sainteté & de la réalité du Martyre de ceux qui
sont morts dans le schisme & dans l'hérésie :
leurs Sectateurs ont toujours fait de vains efforts
pour engager le Seigneur à parler en leur faveur.
La fourberie, l'imposture ont quelquesfois séduit
par des prestiges des gens simples ou d'autres
qui n'étoient pas assez en garde contre la séduc-
tion, ou qui même aimoient à être trompés. Le
Démon par la permission de Dieu s'est souvent
mis de la partie ; il a cherché à imiter les œuvres
du Seigneur, & il l'a fait, mais si grossièrement
& avec des circonstances si indignes de la Majesté de Dieu, qu'il n'y a jamais eu que ceux qui
ne vouloient pas voir qui ont été trompés. Nous
demandons tous les jours des miracles aux Luthériens, aux Calvinistes, & à toutes les autres
Sectes, comme les Catholiques en demandoient
autrefois aux Arriens, en confirmation de leur
doctrine ; l'envie désespérée d'en pouvoir obtenir
a enfanté le fanatisme dans toutes les Sectes, &
le fanatisme après quelques jours d'un triomphe
imaginaire a enfanté le mépris & l'horreur pour
ceux qui en faisoient jouer les indignes ressorts.

Les sépulchres de nos Martyrs annoncent

JÉSUS - CHRIST par les miracles qui s'y opèrent
en son nom, & JÉSUS-CHRIST annonce la gloire
de ses véritables Martyrs par les prodiges qu'il
fait éclater à leurs tombeaux & ailleurs par leur
intercession. Ce sont là les indices extérieurs
auxquels on ne peut se tromper sur le discerne-
ment du vrai Martyre, indices qui ne se trouve-
ront jamais dans les Martyrs aussi faux que rares
des Hérétiques & Schismatiques. « Qu'ils nous
» montrent », dit le Cardinal Baronius dans le di-
xième chapitre de sa Préface sur le Martyrologe
Romain, « qu'ils nous montrent ces miracles di-
» vins qu'autrefois nos Saints Martyrs opéroient
» aux yeux des Gentils qui ne croyoient pas, dé-
» testoient la Croix de JÉSUS-CHRIST, & pour-
» suivoient ses Disciples; miracles par lesquels
» ils forçoient ces Gentils à croire, bénir & adorer
» celui qui est mort en croix pour eux. Si vous
» avez tant d'envie que nous nous unissions à
» vous, continue ce sçavant Cardinal, montrez-
» nous donc un seul miracle divin opéré par quel-
» qu'un de ceux que vous inscrivez dans votre
» Martyrologe? Mais quoi! recueille-t-on des
» grappes de raisin dans des épines, & des figues
» dans les ronces? Certainement, selon l'Oracle
» du Seigneur, un mauvais arbre ne peut produire
» de bons fruits. »

Je propose à la piété des Fidéles la Vie de deux
Religieux Capucins, dont la Sainteté a été une

disposition au Martyre, & dont le Martyre a selon
mes foibles lumières tout ce qui est nécessaire
pour en manifester la vérité. Ils ont subi la mort
pour la défense de la Foi Catholique, qu'ils étoient
allés prêcher aux Chrétiens Schismatiques & Hérétiques d'Éthiopie : ils y ont été condamnés par
un Monarque qui avoit chassé de ses Etats tous
les Missionnaires envoyés par le Saint Siége, &
qui travailloit à éteindre dans son Empire cette
même Foi Catholique que son père y avoit rendu
dominante. Les prodiges ont éclaté sur leur tombeau, mais peu dont on ait eu les preuves com-
pletes, leurs corps étant demeurés ensevelis dans
un pays où il n'étoit pas permis de rendre gloire
à la vérité. C'est sur ces fondemens que je leur
donne le nom de Martyrs, sans cependant pré-
tendre prévenir le jugement de l'Eglise, à laquelle seule il appartient de décider par son Chef
visible sur la terre les questions qui concernent
la canonisation des Saints. Mais comme on agit
actuellement à Rome en postulation de la Béatification des Révérends Pères AGATHANGE de Vendôme & CASSIEN de Nantes; j'ai cru devoir donner connoissance au Public de ces deux grands
Religieux, qui méritent tous ses éloges, & qui
mériteront son culte lorsqu'il aura plu au Souverain Pontife de leur en décerner les honneurs.

ABRÉGÉ
DE LA VIE & DU MARTYRE
DES RÉVÉRENDS PÈRES
AGATHANGE DE VENDÔME
&
CASSIEN DE NANTES,
CAPUCINS, PRESTRES,

Tiré de plusieurs Manuscrits contemporains déposés dans les Archives des Couvens des Capucins de Tours & de Rennes.

§.

L'an 1573 les Capucins avoient été appellés en France par le Roi Charles IX et la Reine Cathérine sa mère. Depuis leur établissement dans ce Royaume, ils n'avoient été occupés qu'aux Missions intérieures de cette portion de l'héritage de JÉSUS-CHRIST, désolée par les ravages qu'y causoit alors le Calvinisme triomphant.

Leur nombre trop foible dans les commencemens ne leur permettoit pas de porter leurs vues plus loin; mais bientôt il s'accrut, & les Capucins François ne tardèrent pas de se répandre chez les Nations infidéles, pour y porter la lumière de l'Evangile, sans cependant négliger la conversion de leurs frères égarés, qui à l'exemple de tous les hérétiques affectoient un air de reforme, & donnoient à leur Société le beau nom d'Eglise reformée.

L'esprit qui pressoit les Capucins nouvellement établis en France, d'aller chez les Nations Infidéles ou Schismatiques, étoit celui de leur Séraphique Père Sᵗ Françōis. Ses enfans dès leur berceau avoient fondé des Missions dans l'Egypte, la Syrie & la Palestine ; & plusieurs d'entr'eux, plus heureux que leur Père qui ne reçut que des honneurs auprès du Soudan d'Egypte, y répandirent leur sang pour la Foi.

Le Révérend Père Joseph de Paris, connu sous le nom du Père du Tremblai, cet homme qui sous le règne de Louis XIII & le ministère du Cardinal de Richelieu eut si grande part aux affaires de l'Etat, & encore plus à celles de la Religion, homme qui ne formoit que de grands projets pour la gloire de Dieu & les exécutoit avec un succès égal à son zèle, entreprit de fonder des Missions de Capucins François en Angleterre, en Ecosse, à Constantinople, dans la Syrie, dans la Palestine, dans l'Egypte, dans la Perse, dans l'Armenie.

Il s'en ouvrit à Paul V dans un voyage qu'il fit à Rome pour des affaires d'Etat que son Roi lui avoit confiées. La Cour de Rome approuva son entreprise, lui mit toutes sortes de secours pour l'éxécution ; & Paul V le désigna avec le

Révérend Père Léonard de Paris, autre Capucin d'une éminente vertu, pour être les Préfets des Missions projettées, auxquelles ils ne voulurent désigner que des Capucins de deux Provinces de France, sçavoir celle de Paris & celle de Touraine, à laquelle la Province des Capucins de Bretagne étoit alors unie, & à laquelle le Révérend Père Joseph de Paris s'étoit affilié pour être plus à portée des Missions du Poitou qu'il se reservoit, afin d'éxercer personnellement son zèle dans le centre du Calvinisme, autant que les autres affaires dont il étoit chargé pour soulager le Cardinal de Richelieu, le lui pouvoient permettre.

§.

Les Missionnaires désignés pour les différentes Missions dont nous avons parlé ci-dessus, partirent successivement pour leur destination, & s'y rendirent sous le Pontificat de Paul V : mais ceux qui étoient destinés pour l'Orient ne partirent que sous le Pontificat d'Urbain VIII. Il y avoit bien des difficultés à applanir avant d'entreprendre le voyage ; & ce fut Sa Majesté très-Chrétienne le pieux Roi Louis XIII, qui par ses libéralités & ses ordres à son Ambassadeur auprès du grand Seigneur, à ses Consuls dans toutes les Villes de Commerce de la Syrie & de la Palestine, leva tous les obstacles, dont le plus grand sans doute étoit l'opposition que devoit avoir l'Empereur Ottoman à souffrir dans ses Etats des hommes qui n'y venoient que pour établir l'Empire de JÉSUS-CHRIST, de ces Héros du Christianisme si odieux à la Religion Mahométane.

Le Révérend Père Joseph de Paris n'avoit point d'abord porté ses vues sur le Royaume d'Ethiopie, parce que les Révérends Pères de la Compagnie de JÉSUS y avoient depuis quelques années fondé une Mission à laquelle le Saint Siége avoit jugé convenable de les employer seuls, défendant même sous peine d'excommunication à qui que ce fût d'y aller prêcher l'Evangile. Mais cette Mission si brillante dans ses commencemens se trouva bientôt exposée à une persécution qui fit chasser d'Ethiopie tous les Jésuites ; ce qui fournit au zèle du Révérend Père Joseph l'occasion de demander & d'obtenir de la Sacrée Congrégation pour la propagation de la Foi, un décret qui permettoit d'envoyer quatre Religieux Capucins François pour recueillir les débris de cette Mission désolée, & y secourir quelques Jésuites retranchés dans des lieux inaccessibles où ils étoient assiégés par les troupes du Monarque Ethiopien.

§.

Les Révérends Pères Agathange de Vendôme et Cassien de Nantes dont j'entreprends d'écrire

la Vie, sur d'anciens Manuscrits conservés dans
les Archives des Capucins des Villes de Rennes
& de Tours, furent destinés les premiers pour
un emploi si digne du zèle qu'ils avoient déjà
témoigné dans la Palestine & dans l'Égypte, &
eurent le bonheur d'arroser de leur sang cette
Région, sur laquelle avoit lui un rayon de la
Grace bientôt obscurci par les ténébres de l'erreur.

Vie

du Révérend Père

AGATHANGE DE VENDÔME.

§.

VENDÔME, Ville considérable de France dans la Beauce, fut le lieu de la naissance du Père Agathange, qui vint au monde en mil cinq cens quatre-vingt-dix-neuf. Son père, nommé Monsieur Nouvois, étoit distingué dans le Vendômois par les charges qu'il y occupoit, mais encore plus par sa piété qui le porta à faire les fonctions de Père Syndic de la Communauté des Capucins de cette Ville. Tel est le caractère de la pauvreté volontaire de l'Ordre des Capucins & des rigoureux Observateurs de la Régle de Saint François, qu'ils ne peuvent avoir, ni par eux-mêmes ni par aucune personne interposée de leur part la propriété ni le maniement de l'argent que les aumônes des personnes charitables ou leurs propres travaux leur procurent pour les besoins indispensables de la condition humaine. Tel est encore leur désintéressement, suite nécessaire de la pauvreté qu'ils ont vouée, pauvreté qu'ils chérissent plus que toutes les richesses du monde, & qui les distingue spécialement de tous les autres Ordres Religieux, qu'ils ne peuvent se présenter en personne pour poursuivre à aucun Tribunal leurs plus justes droits, ceux même dont ils jouissent nécessairement comme membres de la Société & de l'Etat sous la protection des Loix.

Les Souverains Pontifes qui dans tous les tems ont honoré d'une singulière attention l'Ordre des Capucins, pour entrer dans les vues de leur pauvreté & de leur désintéressement, désignent à tous leurs Couvens des Syndics qui dans son nom & sous son autorité pourvoient à leurs besoins temporels, dispensent les aumônes pécuniaires qui n'ont point de maîtres, ou dont le maître est inconnu, par eux-mêmes ou par les personnes qu'ils autorisent à cet effet, selon les nécessités présentes; & en qualité de Curateurs des Capucins, toujours censés mineurs par leur état, agissent aux tribunaux séculiers dans les affaires extrêmement rares qui exigent leur ministère.

L'usage qu'ont les Pères Capucins, de prendre des Pères Syndics ou Protecteurs qui prennent le soin & la défense de leurs Maisons Conventuelles, est conforme à la coutume qui régnoit en France dès le tems de Charlemagne. Ce grand Prince

dans ses Capitulaires, Liv. 5, 3o8, ordonne que
les Protecteurs des Maisons Ecclésiastiques pren-
dront des Lettres de permission : « On s'adres-
» sera au Prince, dit ce Capitulaire 3o8, pour les
» causes & nécessités des Eglises & des serviteurs
» de Dieu, pour lui demander des éxécuteurs, des
» Avocats ou de protecteurs, toutes & quantes-
» fois qu'il sera nécessaire. »

Le Lecteur sera bien aise de voir ici une de
ces lettres de permission, telles qu'elles étoient
données par nos Rois : celle que je rapporte est
d'un des Clotaires; probablement Clotaire troisième, elle fut accordée, à la requête de Valdanelus Abbé de l'Abbaye de Saint Pierre de Beze
dans l'Evêché de Langres, à un Seigneur nommé
Gengou, dont la mémoire est en vénération dans
la Bourgogne, la Champagne & la Loraine, où
il est honoré comme Saint : en voici la teneur.
« Valdanelus Nous a fait demander qu'il Nous
» plût d'admettre l'Illustre Seigneur Gengou, pour
» se charger des affaires de son Monastère, tant
» pour les poursuivre que pour le rétablir dans
» ses biens; sçachez que Nous lui avons accordé
» cette grace; c'est pourquoi Nous ordonnons par
» ce présent Mandement, que le dit Seigneur ait
» pouvoir par notre permission d'agir pour toutes
» les affaires de ce Monastère, & de rétablir toutes
» choses dans leur état comme de droit; & la pré-
» sente permission sera valable, tant qu'il plaira

» aux dits nommés Valdanelus & Gengou. Le 15
» des Calendes de Septembre, l'an 8me du Régne
» de Clotaire Roi. »

Les Pères Syndics des Capucins sont aujour-
d'hui précisément, par raport à leurs Couvens, ce
qu'étoient autrefois ces Protecteurs en France, par
rapport aux Maisons Ecclésiastiques séculières
& régulières ; ils ont cela de plus, qu'ils sont par
eux-mêmes ou par des personnes désignées par
eux les dépositaires & les dispensateurs nécessaires des aumônes qui proviennent de l'aliéna-
tion des meubles à l'usage de ces Religieux, qui
ne peuvent disposer de rien.

Dans tous les Royaumes, & particulièrement
en Espagne où les Pères Syndics des Capucins
jouissent de plusieurs priviléges honorables, cette
qualité a toujours été ambitionnée par des hommes distingués dans la prélature, dans le ministère, dans l'épée & dans la magistrature.

Dans la Province des Capucins de Bretagne,
outre Monsieur le Comte d'Argenson Ministre
& Sécrétaire d'Etat pour le Département de la
Guerre, qui est le Protecteur & Syndic de tous
les Capucins du Royaume de France, ayant suc-
cédé à M^r. son père dans cette qualité qu'il veut
conserver dans sa famille ; ces Religieux comptent
avec autant de reconnoissance que d'honneur,
parmi les Pères Syndics de leurs Couvens particuliers, des Magistrats du premier rang, des Gen-

tils-Hommes caractérisés, tous aussi respectables par leurs vertus que par leur nom.

Mais nul ne porta plus loin l'affection attachée à la qualité de Père des Capucins que Monsieur Nouvois, Père du Révérend Père Agathange de Vendôme, qui dès qu'il sçut que son fils pensoit à entrer dans cet Ordre & depuis qu'il y eut pris l'habit, s'en félicitoit en présence de ses amis, comme d'une grace & faveur signalée que Dieu lui accordoit pour récompense de sa tendre & paternelle bienveillance pour des Religieux dont il ne cessoit d'admirer l'austérité & les vertus.

Les gens du monde ne pensent plus de cette façon. Est-ce un Christianisme mieux entendu qui leur a fait changer d'idée sur le bonheur de la vocation à la vie religieuse? La question est facile à décider : à mesure que les Chrétiens ac-quiérent de prétendues lumières que nos Pères auroient regardées comme d'épaisses ténébres, le Christianisme s'éteint & l'incrédulité triomphe.

§.

En 1619 le jeune Nouvois, âgé de 20 ans, re-çut l'habit des mains du Révérend Père Gilles de Monay, Gardien du Couvent des Capucins du Mans, & Maître des Novices, & fut appellé le Frère Agathange. Le Religieux qui lui donna ce nom aux pieds des Autels, lui fit sentir qu'il l'a-voit choisi afin qu'il eût toujours devant les yeux

l'enfance de Saint Agathange, qui lui rappelle-
roit sans cesse l'humilité que JÉSUS-CHRIST nous
désigne sous le simbole de l'enfance, & son martyre, pour avoir un modèle de force & de constance dans les austérités qui font de la vie religieuse un martyre prolongé.

Cet usage de changer les noms du monde dans
des noms consacrés dans les fastes de l'Eglise,
usage commun à tous les Ordres Religieux, très-
peu exceptés, qui même dans leurs principes l'a-
voient adopté, a pour motif le désir qu'a la Religion Monastique, que ses enfans oublient entièrement le monde, & qu'ils en soient entièrement oubliés; un nom qui porte quelque distinction, rappelle aux gens du siècle la famille du
Religieux qui en est honoré, & au Religieux le
sang d'où il est sorti; celui-ci se repliant sur le
mérite & la distinction de ses ancêtres, au lieu
de s'abbaisser comme il le doit, remonte vers des
sources où il ne trouve que de l'orgueil & de la
vanité à la place de l'humilité qui constitue essentiellement le Chrétien & encore plus le Religieux.

§.

LeFrèreAgathange dans sonNoviciat ne pensa
plus qu'à l'habit & au nom qu'il venoit de recevoir, & aux obligations qu'ils lui imposoient, en
le faisant ressouvenir sans cesse de ses premiers

engagemens avec le Seigneur : soumis comme
un enfant aux volontés de ses Supérieurs, déjà
Martyr dans son cœur par le désir ardent qu'il
avoit de consumer sa vie dans la pénitence, il ne
laissa d'autre soin à son Père Maître que celui de
modérer son zèle & de suspendre le cours des
austérités qu'il eût voulu ajoûter à celles de son
état. Son année de probation se passa dans les
éxercices d'une ferveur qui charma tous les Religieux du Couvent du Mans, & lui mérita leurs
suffrages pour être admis à la profession.

§.

Il est aisé de comprendre avec quels sentimens
de joie & d'amour pour son Dieu, il prononça ses
vœux en présence de son Père & de sa mère que
leur piété avoit porté à vouloir être les témoins
de cette Sainte Cérémonie; avec quelle satisfaction, la Religion s'attacha à lui comme il s'attachoit à elle.

Mais une année de Noviciat ne fait qu'ébaucher
un Sujet, elle ne le perfectionne pas. Le Frère
Agathange étoit un de ces Sujets préparés par la
grace pour atteindre aux dégrés les plus sublimes
de la vertu, & auxquels tous les Religieux n'at-
teignent pas quoiqu'ils soient tous obligés d'y
tendre. Ses Supérieurs qui apperçurent aisément
les prédilections du Seigneur sur cette Ame choi-
sie n'épargnèrent rien pour cultiver les disposi-

tions qu'il avoit à une Sainteté éminente : ils l'envoyèrent à Poitiers en 1620 pour y faire son Séminaire sous le Révérend Père Ignace de Nevers,
qui avoit pour second dans l'éducation mistique
qu'il donnoit à la jeunesse le Révérend Père
Joseph de Paris, alors demeurant à Poitiers en
qualité de Préfet des Missions du Poitou, d'où il
envoyoit dans les différentes parties de cette Province des Missionnaires Capucins, à qui on ne
peut refuser la gloire d'avoir empêché le Calvinisme de la pervertir entièrement, & même d'y
avoir fait un nombre infini de conversions qui
y ont soutenu la supériorité de la Religion Romaine.

Le Frère Agathange fut trois ans sous la di-
rection de ces grands Maîtres dans la vie spirituelle, tous deux charmés des progrès rapides
que faisoit leur Eléve dans la piété & la vertu.
Le Révérend Père Joseph de Paris, plein de son
projet des Missions de la Palestine, étudioit les
dispositions intérieures de son jeune Séminariste
& ne se lassoit point d'admirer son zèle ardent
pour la gloire de Dieu & le salut des Ames, ce
qui lui donna la juste espérance qu'il seroit un
des premiers Fondateurs de ces Missions.

§.

Le tems n'en étoit pas encore venu; il falloit
qu'auparavant le Frère Agathange eût fait son

cours de Philosophie & de Théologie, & on l'envoya en 1623 faire ses études au Couvent des Capucins de Rennes, sous le Révérend Père François de Treguier, dans qui la science égaloit la
vertu, & dont la mémoire est encore en bénédiction dans toute la Bretagne où il a brillé long-
tems par les talens d'une profonde érudition,
d'une éloquence peu commune alors dans la prédication, & d'un sage gouvernement des Religieux de sa Province dont il fut plusieurs fois le
Supérieur Provincial. Le Disciple répondit parfaitement aux sçavantes leçons du Maître ; mais
convaincu que la science enfle & qu'elle n'édifie
point sans la charité, il s'attacha toujours préférablement à celle-ci. Bien loin de profiter d'une
certaine liberté que les jeunes Etudians peuvent
prendre, en se dispensant de plusieurs petites
pratiques auxquelles les Constitutions des Capucins n'astreignent que jusqu'à quatre ans de Religion, il avoit pour principe d'observer toute sa
vie, ce qu'il avoit une fois reconnu être propre
à la perfection.

Selon ces Constitutions, les jeunes Religieux
au-dessous de quatre ans ne doivent jamais parler que dans le cas d'une vraie nécessité, encore
ne doivent ils le faire qu'à genoux, & après en
avoir obtenu la permission du Religieux à qui
ils ont affaire. Le Frère Agathange observa toujours pendant le tems de ses études ces régles

d'un silence exact & rigoureux, jusques-là qu'on
l'eût pris pour un caractère mélancolique, si ce
n'est que dans les occasions où la nécessité &
sur-tout la charité exigeoient qu'il parlât, on
voyoit alors une certaine sérénité se répandre sur
son visage & sur ses lévres, qui ne prononçoient
que des discours pleins de l'esprit de Dieu qui
est un esprit de douceur, sérénité qui n'étoit que
la production extérieure de celle qui régnoit dans
son cœur, & qui ne régne jamais dans ces esprits
misantropes toujours regorgeans d'un fiel qui
empoisonne tout ce qu'ils croyent même dire &
faire pour la gloire de Dieu & le salut des Ames.

§.

Je ne ferai point ici de relation particulière des
austérités du Frère Agathange, les jeunes Religieux parmi les Capucins ont rarement permission d'en faire d'extraordinaires, & les actes de sa
vie ne disent pas qu'on le lui ait permis ; mais il
étoit exact observateur des austérités communes,
& il n'en faut pas davantage pour faire un Saint,
comme le disoit un grand Pape, qui ne deman-
doit autre chose pour canoniser un Capucin, que
des preuves qu'il avoit exactement observé sa
régle.

En effet, être toujours vêtu d'un habit dont la
grossiereté équivaut à un cilice, très-froid en hîver
& très-chaud en été, sans linge qui puisse tem-

pérer les ardeurs de l'un ni mettre à couvert des glaces de l'autre; n'être couché dans toutes les saisons que sur un peu de paille étendue & pressée sur quatre ais; se lever toutes les nuits sans alternative ni interruption, & demeurer pendant deux heures & demie au Chœur, les pieds & la tête nue malgré les froids les plus rigoureux; jeûner depuis la Toussaints jusqu'à Pâques sans aucun intervalle que de quinze jours au plus, dix jours avant la Pentecôte, tous les Vendredis de l'année, tous les jeûnes de l'Eglise, & quantité d'autres que l'usage & la dévotion ont introduits; jeûnes dans lesquels les mets les plus communs au dîner, & un peu de pain sec à la collation sont toute la nourriture; faire de fréquentes & rigoureuses disciplines, marcher toujours à pied, même dans les plus longs voyages, les pieds nuds dans les glaces, les neiges, les boues, parmi les ronces & les épines; denués de tout, obligés de demander par aumône les besoins nécessaires de la vie, exposés à d'humilans rebuts, & quelquesfois à manquer du nécessaire; dans la maladie, n'avoir sur un pauvre grabat d'autre vêtement que l'habit grossier qu'on porte dans la meilleure santé, & qui devient une véritable croix pour un corps accablé de douleurs.

Telles & bien d'autres encore sont les austérités de la vie d'un Capucin; telles furent celles que pratiqua le Père Agathange sans qu'on sçache qu'il y ait rien ajoûté pendant tout le tems de ses études qu'il passa à Rennes, & d'où il partit immédiatement pour les Missions, si ce n'est qu'il avoit une attention continuelle à éviter toutes les petites commodités qui tendent à diminuer la mortification, sans cependant la blesser essentiellement : s'il étoit assis ou couché, il prenoit la posture la plus incommode ; s'il prenoit ses repas, quelque grossiers qu'ils fussent, il s'attachoit aux mets les plus insipides, ses sandales, espèce de chaussure si incommode par elle-même, étoient hérissées de pointes de cloux, parce qu'il les choisissoit toujours vieilles & usées.

Quelqu'attention qu'il eut à cacher ces ingénieuses recherches de la pénitence jusques dans les plus petites choses, on s'en appercevoit, quelquesfois on l'en blâmoit ; mais il disoit à ceux qui lui en parloient qu'il avoit appris de Saint Bonaventure, qu'il appelloit son Docteur par excellence après JÉSUS-CHRIST, que pour conserver l'esprit de mortification, il ne falloit la négliger ni dans les petites, ni dans les grandes choses.

§.

Les esprits peu instruits dans les voies du salut, traitent ces choses de minuties ; mais c'est cependant par ces petites & continuelles contradictions de l'esprit avec la chair qu'on perd peu à peu tous les sentimens de la volupté, toujours prêts à s'allumer & à faire d'étranges ravages quand on les ménage par quelque complaisance dont elle sçait toujours profiter. Le Père Aga-thange ne lui donna jamais de prise sur lui; son maintien toujours modeste, un visage toujours égal, faisoient assez voir qu'il possédoit toujours en paix un cœur dont les passions écoutées tra-hissent tôt ou tard le trouble & la dissipation.

Son humilité égaloit sa mortification : il avoit l'esprit cultivé, beaucoup de capacité pour les sciences, & de facilité pour apprendre les langues les plus difficiles, il en sçavoit cinq différentes lorsqu'il passa en Ethiopie; cependant dans les éxercices ordinaires de sa classe, s'il en disoit assez pour ne pas paroître ignorant, il n'en disoit jamais autant qu'il l'eût pu pour paroître habile; personne ne s'y trompoit, on admiroit son hu-milité & on rendoit justice à sa capacité.

Il puisoit sa science dans un simple Crucifix de bois, une Bible, les œuvres de Saint Bonaven-ture, & les cahiers que lui dictoit son Régent, seuls meubles qui ornoient sa chambre, dignes du dépouillement entier dans lequel doit vivre un Religieux Capucin, seule bibliothéque dans la-quelle il alloit chercher la vérité, & où il l'a trou-voit infailliblement autant par la prière que par l'étude : combien d'autres avec de vastes biblio-théques acquièrent peu de science, ou n'en ac-quièrent qu'une fausse! Génies curieux qui s'at-

tachent toujours à la nouveauté, préférablement
à ce que nous enseigne la vénérable antiquité,
qui ne sément que du vent, & ne recueillent que
du vent & des orages : aurions nous aujourd'hui
des matérialistes par sistême, s'ils n'avoient consulté qu'un Crucifix, une Bible & les anciens Doc-
teurs de l'Eglise? Ce n'est pas sans doute dans
de pareilles sources que des Poëtes qui font tout
à la fois la gloire & la honte des François, ont
trouvé des sophismes ornés du riant badinage de
la Poësie qui en impose toujours plus que la vérité même reconnue, pour attaquer la Religion
de JÉSUS-CHRIST. Leurs cœurs intéressés à détruire les principes de toute Religion telle qu'elle
soit, ont toujours été leurs seuls guides, & on
sçait qu'ils ne sont rien moins que des Saints.

§.

Le tems de la fin des études du Père Agathange approchoit, il étoit rendu à la septième
année, il avoit reçu la Prêtrise, il se sentoit dé-
voré du zèle des Missions étrangères que le Révérend Père Joseph de Paris venoit de fonder,
mais il n'osoit s'expliquer, se réputant indigne
d'un si saint emploi : il sçavoit qu'un Missionnaire devoit être un homme spécialement appellé de Dieu, pour être le Successeur des Apôtres,
dans le ministère de la prédication chez les Nations infidéles, pour coopérer à leurs travaux

4

évangéliques; il sçavoit qu'un Missionnaire est aujourd'hui comme du tems des Apôtres, un de ces hommes à qui JÉSUS-CHRIST dit, allez, & dans les voyages que vous allez faire pour la Gloire de mon Nom, ne portez ni or ni argent, ni sacs ni provisions; ne vous munissez point d'habits ni de souliers pour en changer dans le besoin, contentez vous de ceux que vous aurez sur vous, ainsi vêtus, n'ayans à la main qu'un bâton, non pour attaquer ni pour vous défendre, mais pour vous soutenir, marchez sans inquiétude, c'est moi votre Maître qui vous envoye, je veux que foibles & sans armes vous alliez comme des brebis au milieu des loups; je veux cependant que votre zèle soit éclairé, & que vous ayez la prudence des serpens, les yeux aussi perçans que les leurs, pour vous précautionner contre les embûches que vous tendront les ennemis & les persécuteurs de mon Évangile; mais je veux en même tems que vous ayez la simplicité de la colombe qui évite les piéges qu'on lui tend, mais qui ne tend des piéges à qui que ce soit; qui ne fait point de mal & ne sçait point se venger du mal qu'on lui a fait : douceur & prudence, simplicité & précaution, voilà les vertus de mes Prédicateurs. Vous aurez besoin de sagesse & de courage au milieu des mépris, des rébuts, des mauvais traitemens que vous aurez à essuyer; c'est par la Croix que j'ai fondé ma Religion, c'est

par la Croix qu'elle doit s'étendre : mes Apôtres
dans tous les tems seront des hommes crucifiés,
du moins par les persécutions, les contradictions,
les outrages, la faim, la soif, des travaux immenses, souvent sans aucun fruit; le disciple ne
doit pas s'attendre d'être mieux traité que son
Maître, si sa vie doit contribuer à ma Gloire, il
doit être disposé à la perdre dans les plus affreux
tourmens.

Ce portrait d'un Missionnaire n'effrayoit pas
le Père Agathange, mais il attendoit à connoître
les desseins de Dieu sur lui; il eût souhaité que
le Seigneur eût parlé par la bouche de ses Supérieurs; ceux-ci conformément à la Régle de
St François, qui dit au 12me chapitre, « ceux qui
» voudront aller entre les Sarrazins & autres in-
» fidéles qu'ils en demandent congé à leurs Mi-
» nistres Provinciaux; mais les Ministres Provin-
» ciaux à nuls ne donnent congé d'y aller, sinon
» à ceux qu'ils verront être capables d'y être en-
» voyés » attendoient que le Père Agathange se
fut expliqué lui-même. Dieu qui dispose de tout
avec force et suavité, permit que de deux de ses
condisciples qui avoient demandé & obtenu la
permission d'aller en Palestine, dont l'un étoit
le Père Albert de Nantes, qui ne s'étoit fait Capucin que par le désir de se consacrer aux Missions; l'autre étoit le Père Valentin d'Angers:
celui-ci tomba dangéreusement malade & ne pût

4*

pour lors remplir l'obédience qu'il avoit reçue: le Révérend Père François de Treguier leur Régent, inspiré de Dieu & prévénu par le Révérend Père Joseph de Paris des dispositions qu'il avoit remarquées dans le Père Agathange pour devenir un Saint Missionnaire, lui proposa d'accompagner le Père Albert.

A cette simple proposition qui ne gênoit en aucune façon sa volonté, ni ne lui imposoit aucune obligation, il crut entendre la voix de Dieu, & dès lors déterminé à la suivre, il demanda deux heures de tems pour se préparer à l'œuvre qu'il alloit entreprendre; ce court & peu de tems n'étoit pas destiné pour faire des préparatifs de voyage, il le passa aux pieds de son Crucifix, & muni d'un Bréviaire de sa Régle, & d'un bâton, il se présenta aussi-tôt à son Supérieur, rempli de joye & d'allégresse, lui dit, me voilà, envoyez-moi, & partit à l'instant.

Que ne doit-on point attendre d'un Missionnaire qui part avec un pareil équipage? Ce fut celui des Apôtres : la pauvreté de JÉSUS-CHRIST a toujours fait des miracles de conversion, les richesses du monde & le desir de les acquérir produisent du brillant & de l'éclat dans les Missions, mais ces effets d'un zèle qui n'est pas pur & désintéressé s'en vont bientôt en fumée; le faux zèle est content parce qu'il a fait du bruit, mais l'œuvre du Seigneur est mal faite, parce qu'elle n'est pas conduite par l'esprit du premier des Missionnaires qui est JÉSUS-CHRIST. Avec les richesses on plante, on arrose ; les jeunes plantes cultivées par des mains avides des biens que produit la terre qu'elles arrosent, portent quelques branches qui paroissent avoir quelque verdeur, mais elles se desséchent bien-tôt, parce que Dieu ne leur donne pas l'accroissement.

§.

Paris étoit sur la route de notre nouveau Missionnaire ; il s'y rendit & n'y demeura qu'autant de tems qu'il lui en falloit pour recevoir les instructions & la bénédiction du Révérend Père Joseph, qui y étoit alors, muni de tous les pouvoirs du Souverain Pontife pour les Missions dont il étoit Préfet. Bien-tôt il arrive à Marseille, porté sur les ailes de la charité dont il étoit embrasé, & la Providence permit qu'il trouvât en y arrivant un embarquement pour Alexandrette Ville de Syrie à l'extrémité de la Mer Méditerrannée, & le Port pour ainsi dire d'Alep qui n'en est distante que de 28 lieues.

Louis XIII. avoit fondé par ses libéralités, avec le consentement du grand Seigneur un hospice pour les Missionnaires Capucins dans Alep, Ville qui par sa grandeur & ses richesses est estimée la troisième de l'Empire Ottoman. Constantinople & le grand Caire seuls lui disputent la

préférence : de deux cens cinquante mille Habitans qu'elle contient, il y en a quantité de Chrétiens, les uns Catholiques Romains, les autres
Grecs Schismatiques, Armeniens, Jacobites, qui
ont chacun leur Eglise & leur Evêque : le reste
est de Mahométans, outre un grand nombre de
François, d'Italiens, d'Anglois, de Hollandois qui
y demeurent pour le commerce de Soïeries qui
fait la principale richesse du Païs : Alep est gou-
vernée par un Bacha qui commande toute la
Province, depuis Alexandrette jusqu'à l'Euphra-
te : ce fut là le premier théatre du zèle du Père
Agathange.

Que de bien à faire dans cette grande Ville ?
Des Catholiques ignorans à instruire, des Schismatiques pleins de préjugés à ramener à l'unité,
des Mahométans à édifier par des exemples de
vertu qui les force à admirer la Religion Chrétienne; car il est défendu aux Missionnaires de
leur parler de la Religion de JÉSUS-CHRIST, s'ils
ne se présentent d'eux-mêmes pour être instruits:
enfin grand nombre de Négocians à réveiller sur
le soin d'un salut trop négligé dans l'état du commerce; mais pour entreprendre une partie de
ces travaux Apostoliques, il falloit sçavoir l'Arabe
qui est la langue du Pays, & c'est à quoi s'appliqua le Père Agathange, dès son arrivée à Alep:
déjà il sçavoit le François, sa langue naturelle
& l'Italien qu'il avoit appris avant de partir pour

les Missions; par là il fut d'un grand secours aux marchands de ces deux Nations, & il se mit bientôt en état d'être utile au reste des habitans.

§.

Une Lettre du Révérend Père Jean-Chrysostome d'Angers, autre Missionnaire Capucin, résidant actuellement à Alep, aux Eminentissimes Cardinaux de la Congrégation de la Propagande, écrite du 14 Novembre 1629, nous instruit des travaux & des progrès du Père Agathange. «Ce » bon Religieux, dit cette Lettre, a beaucoup » avancé dans la Langue Arabe par sa fidélité & » son assiduité à prendre ses leçons d'un Sçavant » Maître, qui est un des plus considérables de la » Ville, & qui a occupé des emplois distingués » auprès du Grand Seigneur; mais qu'une disgrace a fait quitter la Cour, & réduit à enseigner les Langues pour une modique récompense » que les Capucins lui donnent sur les pensions » que le Roi de France leur fait.

» C'est une merveille, continue la Lettre écrite » en latin, que le zèle du Père Agathange, il est » tout feu en tout ce qu'il entreprend; quoiqu'il » soit assidument appliqué à l'étude des Langues, » il dérobe cependant sur ses études quelque tems » pour visiter tantôt un Turc, tantôt un Grec, » quelquefois un Jacobite, souvent des Maronites, » & il tire un double profit de leur conversation,

» il se facilite le langage du Pays, & s'insinue peu
» à peu dans l'amitié des uns & des autres pour
» les gagner tous à JÉSUS-CHRIST. Avant de sor-
» tir de sa cellule, il prépare ses discours selon
» la portée & les besoins de ceux qu'il va visiter,
» ou la liberté qu'il a de s'expliquer avec eux;
» aux uns il parle de l'excellence de la Foi chré-
» tienne & de la sainteté des Mistères qui en sont
» l'objet, aux autres il apprend la manière de
» servir Dieu en esprit & en vérité, l'obligation
» d'observer ses Commandemens & en quoi ils
» consistent, & à tous il insinue l'horreur du vice
» & l'amour de la vertu: sa façon de parler simple,
» modeste & sans entrer dans aucune contestation
» qui seroit dangéreuse par rapport aux Turcs,
» & tout à fait inutile par rapport aux Grecs
» Schismatiques, dont la profonde ignorance ne
» leur permet point d'entrer dans aucune dispute,
» lui gagne la confiance & les cœurs de tous ceux
» à qui il a affaire. Déjà plusieurs Mahométans,
» entr'autres un des Chérifs, qui sont les Gentils-
» Hommes du Pays, & un Dada de Derviches,
» espèce d'Abbé de Moines Musulmans, lui ont
» demandé d'être instruits à la Foi chrétienne, &
» soutiennent les Missionnaires Capucins de tout
» leur crédit & de toute leur autorité. Le Dada
» vient souvent dans leur hospice, pour avoir la
» satisfaction de lire le Saint Evangile, qu'il baise
» fréquemment & le met ensuite sur sa tête par

» dévotion, priant instamment qu'on lui donne
» les moyens de passer en Europe afin qu'il puisse
» librement professer la Religion Catholique &
» entrer dans l'Ordre des Capucins. Le Père Aga-
» thange a de plus entrepris la conversion d'un
» Evêque Schismatique, & nous avons tout lieu
» d'espérer qu'il y réussira, &c.

§.

Il y réussit en effet, & cet Evêque converti
contribua de tout son pouvoir aux travaux des
Missionnaires, ce qui avança beaucoup leurs succès dans la Syrie : mais le Démon de la jalousie
vint bientôt arrêter ces progrès, qui déconcer-
toient les puissances de l'Enfer. Le Père Agathange se préparoit à prêcher en Arabe dans
l'Eglise des Maronites d'Alep, à la prière du Curé,
pendant les fêtes de Noël 1629, & à procurer à
ce Peuple fidèle, mais qui recevoit rarement le
pain de la parole de Dieu & les autres secours
spirituels si communs en Europe, dont on profite peu, des Indulgences plenières que les Missionnaires, par la concession des Souverains Pontifes, peuvent faire gagner dans les lieux où ils
font leur Mission. Un Religieux d'un autre Ordre,
qui voyoit avec chagrin la préférence qu'on donnoit aux Capucins, & qui se titroit de Grand
Vicaire du Patriarche des Maronites, résidant
dans le Mont Liban, envoya faire défense au Pré-

dicateur de monter en chaire, disant que l'intention du Patriarche étoit que personne n'eût à prêcher à Alep, s'il n'eût été Archevêque ou Evêque. Le prétendu Grand Vicaire ne sçavoit pas un mot d'Arabe, non plus que ceux qui étoient avec lui; & il vouloit cacher son ignorance en prétextant un ordre de n'admettre personne à instruire publiquement les Peuples, s'il n'étoit revêtu du caractère épiscopal.

§.

Les Capucins d'Alep n'ignoroient pas que l'autorité qui leur défendoit de prêcher étoit une autorité usurpée; les Maronites les supplièrent de passer outre, & de ne les pas priver d'un bonheur si long-tems attendu, & dont l'envie venoit les priver au moment qu'ils étoient prêts d'en jouir. Les pouvoirs des Missionnaires étoient légitimes. Cependant le Père Agathange, qui sçavoit que l'esprit du Seigneur est un esprit de paix, jugea plus convenable d'aller trouver celui qui s'opposoit au commencement de sa Mission dans le Pays, & de le gagner par sa soumission, quoiqu'il sçût qu'il ne lui en devoit aucune, ce qu'il apprit encore plus positivement quelque tems après du Patriarche même des Maronites : tout fut inutile auprès de l'Usurpateur, qui ne répondit autre chose aux prières & aux soumissions du Missionnaire, sinon ces paroles vraies en elles-mêmes, mais dont il abusoit; Ne vous avisez pas de mettre la faulx dans la moisson d'autrui. Le Père Agathange obéit, & s'il ne contribua pas au salut des autres dans cette circonstance comme il le désiroit ardemment, il eut occasion de pratiquer des vertus qui le sanctifioient lui-même, & le préparoient à souffrir de plus grandes humiliations.

§.

Dieu qui avoit ses desseins sur lui, se servit de ces contradictions pour le conduire successivement au lieu où il devoit terminer sa vie par un glorieux Martyre. Ses Supérieurs en Syrie voyant qu'il n'eût pu y être utile de long-tems, parce que c'étoit lui particulièrement que le prétendu Grand Vicaire persécutoit, comme celui qui étoit le plus capable de lui faire ombrage, le destinèrent pour la Mission d'Egypte, & lui donnèrent l'obédience pour le Caire, Capitale de ce Royaume.

Il étoit du nombre de ces hommes que le Saint-Esprit compare à des éclairs, à qui Dieu dit, Partez & ils partent; revenez, & ils reviennent. Déjà il est en route, & il se rend au Mont-Liban dans un hospice nommé Marsthouma, occupé par les Capucins François. La demeure du Patriarche des Maronites n'en étoit pas éloignée; il le va visiter, & sans se plaindre des outrages qu'il avoit reçus de la part de son prétendu Grand Vicaire à Alep, il lui raconte tout ce qui s'y est passé. Le

Patriarche désavoue cet intrus dans un ministère
qu'il ne lui avoit jamais confié, & prie le Père
Agathange de demeurer quelque tems dans son
Diocèse, qui s'étend depuis le Mont-Liban, qui
est dans la Syrie, jusqu'aux Montagnes de Basan
au-delà du Jourdain, fleuve très-célébre d'Asie. Il
lui fait une vive & triste peinture de l'état où se
trouvoit son troupeau, dispersé dans un vaste
Pays, sans autre secours qu'un petit nombre
d'Ouvriers Évangéliques, insuffisant pour tant
d'âmes qui desiroient sincérement le Royaume
des Cieux. Il lui représente que c'est là la portion
fidéle que JÉSUS-CHRIST s'étoit réservée dans
cette terre qu'il avoit arrosée de ses sueurs & de
son sang. Il n'en falloit pas tant pour décider un
cœur comme celui du Père Agathange. Il se jetta
aussi-tôt aux pieds du Patriarche pour lui demander sa bénédiction, & il la reçut avec ces paroles
du Prophéte Jérémie : *Montez sur le Mont-Liban,*
& criez : élevez votre voix sur le Basan, & dites
à ceux qui passent; Jérusalem, tous ceux qui
vous aimoient ont été réduits en poudre.

§.

Le Père Agathange plein du feu que ce bon
Prélat venoit d'allumer dans son cœur, partit
aussi-tôt pour aller le répandre dans les Villages
du Mont-Liban. Peu échapèrent à son zèle, dans
l'espace de cinq à six mois qu'il crut pouvoir

donner à la prière du Patriarche, sans désobéir
à ses Supérieurs qui l'avoient envoyé en Egypte,
& à qui il donna connoissance de son retardement. Sa manière de vivre pendant qu'il fut dans
ces Montagnes paroîtroit tout à fait hors de vrai-
semblance, si on ne sçavoit que ces pauvres Maronites ne prennent de nourriture que pour ne
pas mourir de faim; mais il ajoûtoit encore à la
pauvreté des lieux les Carêmes rigoureux que
son Père Saint François avoit observé jusqu'au
nombre de neuf par chaque année, & dans lesquels, à la façon des Orientaux, il ne disoit la
Messe que vers les deux heures après midi, ne
mangeoit qu'après le Soleil couché, & son repas
consistoit dans un peu de pain cuit sous la cendre,
avec de l'eau pour toute boisson.

A peine prenoit-il quelque repos. Au milieu
de la nuit, tous les Habitans du Village où il se
trouvoit, se rassembloient auprès de lui; & là il
catéchisoit, il instruisoit, il prêchoit : après avoir
donné un tems suffisant dans un Village, il passoit à un autre, remplissant par tout les devoirs
d'un Missionnaire fervent & infatigable.

Rempli de consolation dans les fruits sensibles
dont Dieu bénissoit ses travaux, rien ne l'attristoit
que les regrets & les larmes de ceux qu'il étoit
obligé de quitter pour voler, au milieu de mille
périls & mille difficultés, au secours des autres.
La mémoire de tout le bien qu'il opéra comme

en passant dans toute cette contrée, s'y conserve
encore de nos jours : il y est révéré comme
l'Apôtre du Mont-Liban, & l'on peut lui appli-
quer ces paroles du Roi Prophète, qui regardent
le Messie : *Les fruits de sa Mission ont surpassé
les hauteurs du Liban.*

§.

Un autre Pays l'attendoit; c'étoit, comme on
l'a déjà dit, le Grand Caire, Ville Capitale de
l'Égypte, pour laquelle ses Supérieurs l'avoient
destiné. Cette Ville située en Afrique, sur le bord
Oriental du Nil, réputée la seconde de l'Empire
des Turcs, contient plus de trois cens mille Habitans, Maures, Grecs ou Turcs; grand nombre
de Chrétiens Schismatiques, & quelques Catholiques : elle est divisée en quatre parties qu'on
nomme Boulac, Carafat, le vieil & le nouveau
Caire. C'est dans le vieil que les Capucins François ont leur hospice fondé par Louis XIII., &
entretenu en partie comme les autres de toutes
leurs Missions par les libéralités des Rois de
France. Le Père Agathange s'y rendit dans l'année 1631, & dès qu'il y fut arrivé, il commença
à se rendre utile aux Catholiques, en examinant
leurs livres dans lesquels s'étoient glissées plusieurs erreurs dont ils ne s'appercevoient pas,
tant l'ignorance étoit grossière parmi eux; il les
corrigea, & tourna bientôt après ses vues du côté

des Cophtes, qui étoient principalement l'objet de sa Mission.

Les Cophtes sont des Chrétiens Schismatiques d'Egypte, qui suivant les erreurs d'Eutichès & de Dioscorus, auxquelles même ils en ont ajoûté plusieurs autres, comme c'est l'ordinaire de tous les Schismatiques, qui dans le commencement se séparant dans un point du centre de l'Unité, qui est le Saint Siége, se laissent bientôt emporter à tout vent de Doctrine. Non-seulement ils nient les deux Natures divine & humaine distinguées en JÉSUS-CHRIST; erreur monstrueuse, d'où il s'ensuit que la Nature humaine ayant été absorbée dans la Nature divine, comme ils le prétendent, c'est celle-ci qui a dû souffrir, mourir & ressusciter, autant d'idées contraires à celle que nous devons avoir de la Divinité, & que l'Eglise Catholique toujours incorruptible dans ses dogmes a précieusement conservées; mais encore ils profanent la sainteté du Mariage, en niant l'indissolubilité des liens qu'il forme, aussi ne le reconnoissent-ils point comme Sacrement, non plus que la Confirmation & l'Extrême-Onction, à la place desquels ils mettent la Foi, la Prière & le Jeûne. Leur ignorance est si crasse, que leurs Prêtres sçavent à peine lire, peu qui sçachent écrire. Ils ont un Patriarche qui prend le titre de Patriarche d'Aléxandrie; mais les Grecs leur disputent avec raison cette qualité. Le Patriarche

réside ordinairement dans l'Abbaye de Saint Macaire à vingt lieues du Caire, & est toujours élu
de cette Abbaye ou des autres qui sont dans la
Thébaïde, parce que parmi les Cophtes, de même
que parmi les Grecs, il n'y a que les Moines qui
font profession de chasteté, & ils jugent cette
vertu nécessaire pour la dignité du caractère
Episcopal.

§.

Convertir le Patriarche étoit sans doute ce
qu'il y avoit de plus essentiel, mais c'est ce qu'il
y avoit de plus difficile : l'indépendance est dans
tous les Etats ce qui flatte le plus l'orgueil humain,
& ce qui retient avec le plus dur empire la raison
& la Religion dans la captivité. Le Patriarche des
Cophtes est indépendant : se soumettre au Siége
de l'Eglise Romaine, c'est descendre d'un dégré,
& c'est ce que ne peut supporter l'hérésie, dont
l'orgueil est toujours le principe. Cependant la
difficulté ne rebute point le Père Agathange; il
compte sur la protection de son Dieu; il vole à
Saint Macaire; il demande le Patriarche, & il
trouve un vénérable Vieillard, à qui il ne manquoit que d'avoir été élevé dans les principes de
la Religion Catholique, pour faire un des plus
dignes Prélats de son siècle. L'accueil qu'il en
reçoit lui donne la hardiesse, après quelques jours
d'hospitalité dans son Abbaye, d'entrer avec lui

dans la discussion des points qui avoient séparé son Siége de l'union avec l'Eglise Romaine. Ce bon Prélat, après bien des conférences dans lesquelles il s'avoua pleinement vaincu, donna au Père Agathange les plus fortes espérances de sa conversion. Il remit la consommation de cette grande œuvre, d'où dépendoit le salut de toute sa Nation, au tems où il devoit se transporter au grand Caire pour y faire sa visite. Son grand âge & ses infirmités retardèrent d'année en année cet heureux moment, & il ne se convertit pas, du moins sa conversion ne fut pas publique. Il n'est guère d'Hérétiques, pour peu qu'ils ayent de science, d'étude & de droiture, qui n'apperçoivent la lumière de la vérité, & qui ne pensent souvent à se convertir; mais ils remettent de jour en jour, & Dieu qui n'a point promis de graces pour le lendemain, se retire peu à peu; la mort vient, & tous les vains projets d'une conversion retardée s'évanouissent.

L'espérance de celle de Mathieu, (c'étoit le nom du Patriarche dont nous parlons,) alla loin. Le Père Agathange en flatta les Cardinaux de la Congrégation de la Propagation de la Foi, & le Préfet de cette Congrégation adressa à ce Prélat la lettre la plus tendre & la plus paternelle à ce sujet : mais ses irrésolutions rendirent tout inutile. Mathieu écrivit au Souverain Pontife Urbain VIII., qui occupoit alors le Saint Siége, lui témoigna

les plus heureuses dispositions à sa réunion, &
en demeura-là.

§.

Mais le Père Agathange qui sçavoit profiter de
tout pour l'avancement de l'œuvre de Dieu, se
servit de ces heureuses dispositions où il avoit
mis le Patriarche, pour obtenir de lui un Mandement, par lequel il étoit enjoint à tous les Pasteurs de sa dépendance de le recevoir dans leurs
Eglises pour y célébrer les Saints Mystères selon
le Rit de l'Eglise Romaine, y cathéchiser, y prêcher ; déclarant de plus qu'il exhortoit tous ceux
qui lui étoient soumis à l'écouter comme un Ministre de JÉSUS-CHRIST, dont la Doctrine étoit
saine, les mœurs édifiantes, & la foi sans erreurs.

Muni de ce Mandement, le Père Agathange
retourne au vieux Caire, & se présente à tous les
Curés des quatorze différentes Eglises qu'ont les
Cophtes dans cette partie du Caire. Tous le reçurent à bras ouverts, & lui procurèrent toutes
les facilités qu'il souhaitoit pour éxercer sa Mission.

Les Assemblées des Cophtes pour la Prière &
le Sacrifice, se font tous les samedis au soir après
soleil couché, chacun dans sa Paroisse ; là ils
prient deux heures de suite, & la Prière finie, les
riches se retirent dans quelqu'appartement qu'ils
ont aux environs, les pauvres restent dans l'Eglise

ou à la porte, où ils passent jusqu'à minuit à
s'entretenir à leur façon de choses spirituelles,
ou à chanter des Cantiques : à minuit les Matines
commencent, & sont suivies de la Messe; ce qui
dure quatre heures & plus. Le Père Agathange
se trouvoit tous les samedis après la Prière, tantôt
dans une Eglise, tantôt dans une autre; là il
instruisoit ces pauvres Chrétiens ignorans, mais
dociles; il montoit en Chaire à l'Evangile de la
Messe, il leur annonçoit les vérités que l'Eglise
Romaine enseigne, & tous l'écoutoient favorablement. Il eut la consolation d'en convertir un
grand nombre, qui se confessoient à lui, & rece-
voient la Communion de sa main à la Messe qu'il
célébroit vers le soleil levant sur un Autel por-
tatif, avec la permission spéciale du Souverain
Pontife, sans laquelle il n'eût pu célébrer dans
ces Églises séparées de la communion de Rome.

Nulle opposition de la part des Pasteurs, &
tout réussissoit au gré de notre fervent Missionnaire, aidé de quelques autres Capucins qui rési-
doient avec lui au vieux Caire : mais le Père
Agathange portoit ses vues plus loin, & vouloit
la réunion de la Nation entière avec l'Eglise Romaine. Ses progrès, quelque rapides qu'ils fussent,
n'alloient point à la source du mal, qu'il sçavoit
être dans le Patriarche & dans les Moines. Leur
conversion auroit infailliblement entraîné tout le
reste, & affermi dans la foi tous les nouveaux

5*

convertis, dont plusieurs faute de secours retom-
boient dans leurs anciennes erreurs. Il se croyoit
sûr du Patriarche; il tourna ses vues du côté des
Monastères qui sont en grand nombre dans l'E-
gypte, & où les Moines vivent dans une austérité qui rappelle encore l'idée de celle que
pratiquoient les anciens Moines de la Thébaïde :
il ne désespéra pas de les convaincre & de les
convertir.

§.

L'entreprise étoit digne de lui. Il n'étoit plus
question simplement d'instruire, il falloit entrer
dans des disputes réglées avec des hommes qui
font profession de sçavoir, quoiqu'ils ne soient
pas communément habiles; mais on sçait que
chez les Hérétiques le vraisemblable tient lieu
d'évidence, l'entêtement & l'opiniâtreté valent
des convictions, & les ténébres les plus épaisses
sont une lumière éclatante à laquelle on est surpris de voir la lumière même se refuser : tant
l'Homme prévenu est ingénieux à se tromper
lui-même !

Le Père Agathange depuis long-tems aux prises
avec l'erreur, connoissoit ses artifices & ses ressources, & il ne craignit pas de la combattre dans
des Hommes qui s'étudioient à lui donner toutes
les couleurs de la vérité. Admis dans le Couvent
de Saint Antoine, qui contient un grand nombre

de Religieux, il s'insinua dans leurs esprits, il gagna leur confiance : c'étoit son talent. Les disputes commencèrent, & toujours l'esprit de charité qui l'animoit en écartoit les aigreurs qui irritent & ne persuadent jamais. Tous furent contens de leur charitable Adversaire, rendirent justice à la solidité de ses raisons; & cependant dans l'espace de quatre mois qu'il passa au Monastère de Saint Antoine, il n'eut la consolation d'en convertir qu'un seul, à qui il fit faire abjuration avant de partir, mais dans l'espérance de revenir pour recueillir les fruits des réfléxions des autres sur ce qu'il leur avoit dit, & dont ils avoient paru être ébranlés.

Sa présence étoit nécessaire au vieux Caire: quantité d'Ames languissantes faute de nourriture spirituelle, l'y rappelloient, & il vola bientôt à leur secours. Les mêmes éxercices qu'il avoit pratiqués avant son départ pour l'Abbaye de Saint Antoine, il les renouvella à son retour. Il confirma dans la foi plusieurs personnes chancelantes, & en convertit d'autres, toujours appuyé par l'autorité du Patriarche & celle des Pasteurs particuliers, qui n'avoient aucune jalousie de ses succès, & qui paroissoient n'attendre que la décision de leur chef pour consommer l'abolition du Schisme & leur réunion avec l'Eglise Catholique.

§.

L'ordre de la Providence ne l'avoit pas ainsi décidé; plusieurs selon ses décrets devoient opérer leur salut par le ministère du Père Agathange; mais le gros de la Nation devoit demeurer dans ses ténébres, & il ne devoit imputer qu'à lui-même & à son indolence sa séparation de cette Eglise que JÉSUS-CHRIST a acquise & fondée par son sang, & hors laquelle il n'y a point de salut. Les Religieux de l'Abbaye de Saint Antoine avoient eu le tems de faire leurs réfléxions; plusieurs en avoient fait de salutaires, & souhaitoient ardemment de revoir leur Apôtre, pour faire entre ses mains l'abjuration des erreurs de Dioscore. Ce moment heureux arrive; le Père Agathange quitte pour plus long-tems qu'il ne pensoit les Cophtes du Caire, mais qu'il laissoit plus instruits & plus fermes dans la foi, & revient à ce Monastère. Quantité de ces Moines à demi Catholiques dans le cœur, lui exposent les doutes qui les arrêtoient encore; il applanit toutes leurs difficultés; il les presse; il les persuade avec cette force & cette onction de l'Esprit Saint dont il étoit rempli, & ils ne sont plus Jacobites; zèlés Catholiques, il ne tient pas à eux que tout le reste de leurs Confrères ne suive leur exemple.

Que ces Hommes d'un zèle brusque & inconstant, qui se rebutent aux premières difficultés, qui connoissent assez peu la force des préjugés & des passions des Hommes pour croire que tout doit céder à leurs premiers efforts, apprennent ici à ne pas abandonner précipitamment un ouvrage qu'ils ont commencé, & qui résiste à la main de l'Ouvrier. Dieu dont la grace n'agit pas toujours tout d'un coup, comme elle le fit à l'égard de Saint-Paul, ne met souvent la dernière main à la conversation des Hommes qu'après que ses Ministres ont planté & long-tems arrosé.

§.

Le Père Agathange jouissoit de ses succès à l'Abbaye de Saint Antoine, & travailloit à les étendre, lorsqu'un Evêque Surien, Catholique l'y vint chercher pour le prier de l'accompagner dans une visite qu'il se proposoit de faire dans le Pays de Sayette chez des Chrétiens soumis à sa Jurisdiction.

Sayette est une vaste Région, qui tire son nom des Saïs, Ville du Delta dans la basse Egypte: les Chrétiens qui s'y trouvent en assez grand nombre sont appellés Syriens ou Suriens, parce qu'ils ont pris leur origine dans la Syrie, & Jacobites, nom de Secte, par rapport à l'Hérésiarque Jacob qui suivoit les erreurs d'Eutichès, auxquelles il en avoit ajoûté plusieurs autres.

Vers l'an 1660, le Patriarche des Suriens nommé André a envoyé sa profession de foi au Pape

Aléxandre VII., avec des Lettres de soumission
au Saint Siége; mais dans le tems dont nous
parlons, il en étoit encore séparé : il reconnoissoit seulement le Pontife de Rome, comme le
premier des quatre Patriarches, sans néanmoins
se croire obligé de lui rendre aucune obéissance,
mais sans opposition à la lui rendre comme le
faisoit l'Evêque, qui fut chercher le Père Agathange à l'Abbaye de Saint Antoine, pour instruire son Peuple des vérités que l'Eglise Catholique enseigne.

D'un côté, les Religieux de ce Monastère vouloient retenir le Père Agathange; de l'autre, les
Cophtes du Caire le souhaitoient : son chagrin
étoit de ne pouvoir être par-tout à la fois. Il est
des Hommes à qui il ne manque que la puissance de se reproduire pour consommer des ouvrages dignes de l'admiration de tous les siècles;
mais tous les êtres sont bornés, & Dieu qui seul
est sans bornes se sert d'eux selon ses volontés
pour éxécuter ses décrets conformes au pouvoir
limité de ceux qu'il charge de leur éxécution.
Le Père Agathange se livra à l'Evêque Surien,
qui lui fit voir une moisson abondante & certaine
parmi des Catholiques, qui ne manquoient que
d'instruction pour en faire de parfaits Chrétiens.

Plusieurs mois se passèrent dans cette pénible
visite, pendant laquelle l'Evêque & lui trouvèrent
à peine les secours nécessaires à la vie. Cependant

les Cathéchismes, la Prédication, l'administration des Sacremens de la Pénitence & de l'Eucharistie faisoient leurs continuelles occupations qui n'é- toient interrompues que par les voyages qu'ils étoient obligés de faire, tantôt dans des Déserts affreux, tantôt dans des Montagnes escarpées, pour aller chercher les Brebis dispersées d'un troupeau à qui JÉSUS-CHRIST ménageoit depuis long-tems cette précieuse ressource de salut.

Dans leur course Apostolique, ils s'appro- chêrent de l'Abbaye de Saint Macaire, le Père Agathange ne manqua pas d'aller visiter son cher Patriarche, accablé d'années, toujours dans les mêmes dispositions pour la réunion des Cophtes avec le Saint Siége, mais toujours irrésolu pour le coup d'éclat qu'éxigeoit cette réunion.

Les Moines de Saint Macaire reçurent le Saint Missionnaire avec le même accueil que lui fit le Patriarche, & après le peu de tems qu'il pût leur donner pour répondre à leur tendresse & à leur charité, ne pouvant le retenir d'avantage, ils le suivirent en foule au lieu où il retourna rejoindre l'Evêque Surien pour entendre les discours qu'il faisoit au peuple, & charmés des paroles de grace qui sortoient de sa bouche, ils firent tous leurs efforts pour le ramener avec eux.

Mais le Père Agathange n'abandonnoit pas légèrement une œuvre commencée, & le Seigneur qui dirige les pas de ceux qu'il envoye étoit tou-

jours consulté dans toutes ses démarches; il parloit intérieurement, & il étoit obéï. La visite fut
poursuivie avec tout le succès que notre Apôtre
pouvoit désirer, & il ne se sépara du bon Prélat,
qu'il avoit accompagné partout, qu'après qu'elle
fut entièrement finie; il reçut de sa part dans
cette séparation mille témoignages de reconnoissance de ses travaux, & de vénération pour sa
vertu.

§.

Tant de fatigues demandoient du repos; mais
les Missionnaires, sur-tout comme celui dont
nous écrivons la Vie, sont de ces Hommes conformes à JÉSUS-CHRIST qui n'en sçavoit point
prendre, de ces hommes dont parle le Prophéte
Ezéchiel, qui marchent toujours devant eux où
l'impétuosité de l'esprit les porte, & que rien ne
fait rétrograder, ni n'est capable d'arrêter leur
course. Le Père Agathange revient au vieux Caire,
où il trouva tous les Catholiques consternés par
les fâcheuses nouvelles qu'on venoit de recevoir
d'Éthiopie.

L'Empire des Abissins, partie considérable de
l'Éthiopie séparée de l'Egypte, qui est à son Sep-
tentrion, par des Déserts immenses, étoit gou-
verné par un jeune Prince, nommé Basilides(1),

(1) Appelé par les indigènes *Fasiladas*, ou, par abrévia-
tion, *Fasil. (A. d'A.)*

sous la tutelle d'une mère qui avoit paru Catholique sous le régne du Grand Negus son mari, nommé Sussinnius ou Susnés.

Mais elle étoit dans le cœur infectée des erreurs d'Eutichès. Elle ne se vit pas plûtôt l'autorité en main, qu'elle persécuta les Catholiques, chassa du Royaume les Jésuites Missionnaires qui y étoient avec l'Archevêque de la même Société, qui y tenoit lieu de Patriarche.

Elle n'avoit garde de découvrir ses sentimens du vivant de Susnès, son époux, Prince très-zèlé pour la Communion Romaine, & qui poussa le zèle un peu trop loin. Fils de ce fameux Zadinghel, qui en 1605 envoya des Ambassadeurs au Pape Clément VIII., & à Philippe III., Roi d'Espagne, pour leur demander des Missionnaires qui pussent réduire tout son peuple à l'obéissance au Saint Siége, & qui fut tué en combattant contre ceux de ses Sujets qui s'opposoient à ses Edits en faveur de la Religion Romaine. Il crut que le tems étoit venu de porter le dernier coup à l'erreur, & d'user de sévérité envers ceux qui encore en grand nombre la soutenoient; il porta un Edit, par lequel il ordonnoit à tous les Schismatiques Cophtes ou autres Hérétiques de sortir de son Empire sous un certain tems s'ils n'embrassoient la Religion Catholique. Le tems expiré il fit mourir un nombre prodigieux de ces opiniâtres; zèle imprudent. Si quelques fois les éxécutions

sanguinaires sont utiles ou même´ nécessaires
dans le cas de l'hérésie, ce n'est qu'envers quelques
particuliers qui font métier de séduire les autres,
& d'entretenir des entêtemens d'erreur qui enfante
bien-tôt la révolte contre le Prince : ce n'est pas
envers la multitude qui a eu le malheur de se
laisser séduire, & que les effusions de sang ai-
grissent & ne convertissent pas. JÉSUS-CHRIST
en établissant son Eglise a usé de rigueur envers
les Scribes & les Pharisiens, toujours de douceur
envers le Peuple qu'il travailloit à convertir par
la prédication & la persuasion. Ce n'est pas que
les Rois ne doivent employer leur autorité pour
affoiblir le parti de l'erreur & faire triompher la
vérité, ils l'ont reçue de Dieu pour soutenir les
intérêts de son nom & de son culte ; intérêts qui
sont toujours mêlés avec ceux des Souverains,
dont les Trônes affermis par la Religion, sont
toujours ébranlés par l'erreur ; mais la prudence
doit modérer les rigueurs de cette autorité : l'expérience de tous les tems prouve que les effusions
de sang ne convertissent pas.

Sussinnius mal conseillé, ne suivit pas ces principes ; comme il y avoit peu de familles dans son
Empire qui ne pleurassent l'une un père, l'autre
un frère ou un parent, il se fit un soulévement
presque général : on courut aux armes de part
& d'autre, & le Roi se vit prêt dē perdre le Trône
& la vie ; mais plus brave que prudent, il triompha

des Rébelles. Il ne vêcut pas assez pour tirer de sa victoire tout le fruit que son zèle se proposoit ; il mourut, & laissa un jeune Prince assez âgé pour profiter des éxemples & des fautes de son père en suivant les uns & en évitant les autres ; mais trop jeune pour gouverner par lui-même : ce fut la source de la perte entière de la Religion dans l'Abyssinie.

Sa mère déclarée Régente du Royaume après la mort de Sussinnius, leva aussi-tôt le masque, & fit payer avec usure aux Catholiques la contrainte où elle avoit été forcée de se réduire pendant son vivant. Tous les grands de la Cour qui voulurent persévérer dans la Foi Catholique, parmi lesquels étoit un des oncles du Prince régnant furent éxilés. Les Jésuites & l'Archevêque eurent ordre de sortir du Royaume, & par un Edit l'entrée en fut interdite à tout Catholique Romain. Un grand nombre de Portugais établis depuis long-tems dans l'Abyssinie s'éxilèrent euxmêmes, & le Prince écrivit au Patriarche des Cophtes en Egypte pour avoir un Archevêque de sa Communion.

§.

Telles furent les tristes nouvelles que le Père Agathange apprit en arrivant au Grand Caire : il sçut d'ailleurs par le Courier que Basilidés avoit dépêché au Patriarche des Cophtes, qu'un im-

posteur, Egyptien d'origine, qui n'étoit ni Prêtre
ni Clerc, ne sçachant pas même lire, profitant
des tems de troubles où se trouvoit la Nation des
Abissins, s'étoit porté pour Archevêque, envoyé
par le Patriarche pour la gouverner dans le spi-
rituel; qu'il avoit fait chasser des Eglises les
Prêtres ordonnés par les Evêques Romains, &
en avoit institué d'autres qu'il consacroit en apparence, en leur soufflant au visage & en mar-
mottant quelques paroles qu'il faisoit semblant
de lire dans un livre Arabe. Le Roi ayant eu un
juste soupçon de l'imposture, avoit envoyé ce
Courier pour en être plus pleinement instruit;
combien un abîme n'en attire-t-il point d'autres,
& quelle devoit être la situation de la Religion
de ce Royaume désolé?

Le cœur du Père Agathange en fut pénétré de
la plus vive douleur, mais il ne se découragea
pas; dèslors il forma le dessein d'aller lui-même
en Éthiopie au secours de quelques Jésuites qui
y étoient restés cachés, & même retranchés sur
des montagnes inaccessibles, & défendues par
quelques Catholiques qui s'étoient rassemblés au
tour d'eux. Il pensa que le Roi ne seroit pas toujours en tutelle, qu'il avoit reçu de son père des
principes, qui avec le tems ne pouvoient manquer
de produire les plus heureux effets; que tout dépendoit de l'Archevêque que le Patriarche des
Cophtes envoyeroit en Éthiopie. Il part aussi-tôt

pour Saint Macaire, & obtient du Prélat, son ami, toujours Catholique dans le cœur & Eutichéen à l'extérieur, qu'il nomme & consacre pour Archevêque de l'Abissinie, un Moine de l'Abbaye de Saint Antoine, à qui il avoit fait faire abjuration, & sur la persévérance duquel il comptoit; mais malheureusement pour les Ethiopiens il se trompa dans son choix : ce lâche se livra entièrement aux fureurs de la Reine, & fut la cause de la mort de son Bienfaiteur.

De retour de l'Abbaye de Saint Macaire, le Père Agathange que le zèle de la gloire de Dieu rendoit attentif à tous les événemens, apprit qu'un certain Luthérien Allemand d'origine, nommé Pierre Leon, commerçant depuis quelque tems au Grand Caire, avoit formé un projet que la cupidité & le Démon de l'Hérésie seuls pouvoient lui inspirer, projet dont il se vantoit sourdement; c'étoit disoit-il d'aller désabuser les Abissins des erreurs que les Pères Jésuites & leurs semblables avoient semées parmi eux, lesquels Missionnaires, ajoûtoit calomnieusement cet imposteur, ne cherchoient que les richesses du Pays, abondant en perles, en or & en pierres précieuses; mais un motif plus puissant encore l'animoit, c'étoit de profiter du commerce abandonné par les Portugais.

Le Père Agathange qui prévit toutes les conséquences d'un tel projet, agit si puissamment auprès des amis qu'il avoit en grand nombre au Caire, qu'il retarda pour long-tems le départ de ce fourbe & dangereux ennemi de l'Eglise Romaine; mais il ne pût si exactement le suivre dans toutes ses démarches, qu'à la fin Pierre Leon ne trouvât le sécret d'entreprendre le voyage, & d'obtenir les permissions nécessaires du Bacha pour passer en Éthiopie. Il y passa en effet avec le nouvel Evêque que le Patriarche y envoyoit, le pervertit en chemin, comme nous le verrons dans la suite; & arrivé à la Cour de l'Empereur des Abissins, il le gagna par son hypocrisie, obtint la confiscation de tous les biens des Pères Jésuites, fit brûler tous les ornemens destinés pour les Autels, & changea en écuries & en magasins, selon l'usage de tous les Hérétiques, la plûpart des Eglises de ces Pères.

Cependant le Père Agathange continuoit toujours sa Mission, en attendant la permission de passer en Éthiopie qu'il avoit demandée à ses Supérieurs; mais le reste de ses travaux & sa mort glorieuse pour la cause de JÉSUS-CHRIST, lui étant communs avec le Révérend Père Cassien de Nantes, nous allons donner un précis de la Vie de celui-ci, après lequel nous les réunirons pour les conduire en Éthiopie, & y voir leur fin digne d'une Vie consommée dans les éxercices les plus pénibles de l'Apostolat.

ABRÉGÉ
DE LA VIE
DU RÉVÉREND PÈRE
CASSIEN DE NANTES,
PRESTRE, CAPUCIN,
MISSIONNAIRE.

Le Révérend Père Cassien de Nantes fut un de ces hommes dans qui le Seigneur paroît prendre plaisir à déployer toutes les richesses de sa bonté & de sa magnificence; un caractère humble, doux, charitable, pieux, zelé pour les intérêts de Dieu; caractère qui se dévelopa dès l'enfance, & qui se soutint parfaitement jusqu'à la mort : tel fut celui qu'il reçut de la main bienfaisante d'un Dieu qui avoit sur lui de grands desseins, & qui ne manque jamais de donner à ses vases d'élection les dispositions nécessaires pour éxécuter les prodiges pour lesquels il les a formés.

Nantes, une des Villes les plus considérables, non-seulement de la Bretagne, mais encore de toute la France, par son ancienneté; quelques Auteurs prétendent qu'elle fût fondée par Nantés, un des premiers Descendans de Noë : par sa grandeur, elle a en y comprenant ses Faux-bourgs, plus de deux lieues de tour : par sa beauté on lui donnoit autrefois le nom de Nantes la jolie, à présent elle peut être appellée Nantes la belle; par son commerce elle est une des Villes les plus commerçantes de l'Europe, & sa situation à l'embouchure de la Loire, un des plus beaux fleuves de France, lui donne des facilités les plus grandes pour transporter ses marchandises qu'elle tire principalement de l'Amérique, où les Nantois ont de grandes & riches Habitations, tant dans l'intérieur du Pays que par tout l'Univers; elle est enfin considérable par sa magnificence : cette Ville a un Siége Episcopal, une Chambre des Comptes, un Présidial, une Amirauté, deux Chapitres, une Université, plusieurs Maisons Religieuses, parmi lesquelles tous les étrangers admirent la situation du Couvent des Capucins de l'Hermitage : Nantes, dis-je, fut la Patrie du Père Cassien.

Il y nâquit l'an 1607 le 14e. Janvier jour où on célébre la Fête du Saint Nom de JÉSUS, Nom adorable qu'il porta toute sa vie gravé dans son cœur, & pour la Gloire duquel il eut le bonheur de mourir en l'anonçant aux Nations qui le méprisoient. Son père Portugais originaire s'appelloit Jean Loppès-Netto, sa mère que Loppès-Netto fut épouser à Lisbonne se nommoit Guyonne d'Almeras, tous deux de familles distinguées dans le Portugal, & que le grand Commerce de la Ville de Nantes y attira.

On rapporte qu'à leur débarquement au Port de Nantes, un pauvre qui se trouva parmi les amis de Loppès qui étoient venus le recevoir avec sa nouvelle épouse, dit tout haut en voyant Guyonne d'Almeras : voilà la mariée, elle aura trois garçons dont l'un sera couronné. Je sçais l'estime que l'on fait aujourd'hui de ces sortes de prédictions qu'on regarde comme inventées après-coup; mais elle est rapportée dans tous les manuscrits que j'ai vus & qui sont contemporains : quoiqu'on en pense, cette prédiction à laquelle on ne fit nulle attention alors, s'accomplit dans celui dont nous décrivons la Vie, qui eut la Couronne du Martyre, Couronne infiniment préférable à celle des Souverains, corruptibles, passagères, dont les fleurons sont toujours hérissés d'épines, & dont le sort est bien souvent une éternité malheureuse, par l'abus qu'en font les Princes qui les portent.

Le Père Cassien fut le second des enfans mâles de Loppès, & reçut au Baptême qui lui fut administré dans l'Eglise de Saint Similien ou Saint Sambin, Faux-bourg de Nantes, le nom de Ruffilio, Saint Evêque de Forlimpopoli en Émilie; mais selon l'usage de Portugal, où l'on ajoûte au nom du Saint qu'on donne aux enfans, celui de quelqu'un de la famille, on l'appella par rapport à un oncle qui se nommoit Vaz, Ruffilio Vaz, Loppès-Netto. L'innocence de ses mœurs pendant sa jeunesse fit qu'on s'accoutuma à ne l'appeller que Vasenet, formant ainsi un nom qui lui convenoit pour sa pureté, de ceux de Vaz & de Netto ; & ce sera celui que nous lui donnerons jusqu'à son entrée en Religion.

§.

Vasenet ne trouvoit dans la maison paternelle que des éxemples de piété; il est des familles heureuses qui semblent n'être pas enveloppées dans cette terrible ménace de JÉSUS-CHRIST; *(a)* quand je viendrai pour juger les hommes, de deux qui seront dans un même champ ou dans un même lit & qui ne penseront à rien moins qu'à aller paroître devant Dieu, l'un sera pris pour être du nombre des Elus, & l'autre sera laissé & condamné au feu éternel avec les reprouvés, à cause de ses crimes : *(b)* de deux femmes qui moudront dans un moulin, l'une sera prise & enlevée dans le Ciel par les Anges, & l'autre sera laissée en proie aux démons à cause de sa mauvaise vie. Loppès Netto & Guyonne d'Almeras, malgré les embarras d'un grand commerce furent toujours l'exemple de la Ville de Nantes : leur fils aîné nommé Gonzales, s'attacha à la Profession de Médecin qu'il éxerça dans la Ville de Saint Brieuc, Siége Episcopal en Bretagne, & y mourut en odeur de Sainteté, dans le célibat & l'exercice de toutes les vertus chrétiennes:

(a) Saint Matt., ch. 24, v. 40, 41 Com. de Calmet.

(b) Saint Luc., ch. 17, v. 34 Com. de Calmet.

l'honorable profession de Médecin ne devroit faire que des Saints de tous ceux qui l'embrassent, la structure du corps humain qu'ils étudient sans cesse & qui leur dévoile nécessairement un Dieu Auteur et Conservateur de la nature, l'image de la mort qu'ils ont continuellement devant les yeux, doivent les précautionner contre l'irréligion, & les rendre plus attentifs au Jugement qu'ils ont à subir.

Trois filles dont une nommée Beatrix étoit sœur jumelle de Vasenet refusèrent des partis avantageux pour s'adonner à la piété hors des embarras du mariage, un seul garçon le dernier de tous se maria, remplit les charges les plus honorables de la Ville de Nantes, & forma une maison respectée dans le Comté Nantois & dans toute la Bretagne : car comme nous l'avons déjà dit, Loppès-Netto originaire de Portugal passoit pour Noble dans sa Patrie.

§.

L'éducation, ce premier soin & le plus essentiel des pères &·des mères envers leurs enfans ne manqua point à Vasenet, & il ne manqua point non plus de son côté à y répondre, joignant la piété avec l'étude, & faisant dans l'un & dans l'autre des progrès au-dessus de son âge & au-delà de l'attente de ses Maîtres, qui étoient de Saints Prêtres, qui gouvernoient alors le Collége de Saint Clement, aujourd'hui passé entre les

mains des Pères de l'Oratoire dans la Ville de
Nantes; à peine avoit-il atteint l'âge de sept ans,
qu'il conçut qu'étant en état de pécher par l'abus
qu'on fait ordinairement d'une raison naissante,
il étoit aussi en état de faire pénitence pour pré-
vénir le péché & mortifier les passions qui dé-
réglent la raison : dèslors il commença à pratiquer des abstinences, & quelque fois des jeûnes
qu'il prenoit grand soin de cacher à ses père &
mère, donnant en secret aux pauvres ce qu'on
lui donnoit pour son déjeûner & pour sa collation. Il se levoit tous les jours à trois heures du
matin, s'adonnoit à l'Oraison Mentale, dont il
avoit appris la méthode des Pères Capucins alors
situés près du lieu où il demeuroit, & où est
actuellement le Couvent des Dames de Sainte
Elizabeth; après l'Oraison il disoit l'Office de la
Sainte Vierge & le Rosaire, à quoi il ajoûta depuis l'Office de la Sainte Croix; & ensuite il
s'adonnoit à l'étude qu'il n'interrompoit que pour
se rendre au Collége, où il paroissoit comme un
Ange parmi les Condisciples qui le respectoient
tous & n'osoient sur-tout devant lui faire aucune
médisance : tout ce qui blessoit la charité du
prochain lui paroissoit insupportable; la douceur
de son visage s'altéroit dans ces occasions d'une
manière si sensible, qu'on ne pouvoit manquer
de s'appercevoir de la peine qu'il en ressentoit,
& on se taisoit par considération pour lui.

Dans les jours de congé il n'interrompoit rien de ses éxercices ordinaires de piété, & au lieu d'aller à la promenade ou de s'amuser aux jeux ordinaires des écoliers, il en passoit la plus grande partie dans l'Eglise des Capucins, pour lesquels il prit dèslors une si grande affection, qu'à l'âge de 9 ans il demanda à être reçu dans leur Ordre : c'étoit une ferveur prématurée, & qui lui fut inspirée par la connoissance qu'il eût alors que les Capucins de France se disposoient de tous côtés à passer chez les infidèles pour y porter l'étendard de la Croix, & y gagner à JÉSUS-CHRIST des âmes qui ne le connoissoient pas : l'ardeur qu'il eût dèslors de répandre son sang pour un Dieu qu'il eût déja voulu faire connoître à tout l'Univers, lui fit oublier la foiblesse de son âge, & souffrir avec beaucoup d'impatience le retardement que le Père Gardien des Capucins, qui étoit alors le Révérend Père Gilles de Monay, lui dit que les sacrés Canons apportoient à son zèle. « Mettez-vous en état, mon fils, lui ajoûta » le Père Gardien, de remplir les vues que Dieu » a sur vous. Pour convertir les Schismatiques » & les Infidèles, il faut de la vocation; vous » paroissez l'avoir : il faut la science, travaillez » pour l'acquérir. Dieu ne précipite pas ses ou- » vrages; il les conduit à leur perfection par les » voies ordinaires, & les dispose aux plus grands » miracles de sa grace par des principes qui partent

» de la nature, & qu'il sçait élever au-dessus d'elle
» comme il lui plaît, & quand il lui plaît, pour
» opérer les prodiges de zèle & de conversion
» que sa Providence a decreté de faire dans leur
» tems.»

§.

Le jeune Vasenet comprit aisément que sa
demande avoit été précipitée, & il ne pensa plus
qu'à se rendre capable d'éxécuter les grands projets pour lesquels il se sentoit destiné. Jaloux de
surpasser tous ses Condisciples, il n'en fut pas
moins attentif à préserver son cœur de tous les
traits de la vaine gloire, passion que la jeunesse
confond ordinairement avec une juste émulation,
& que les parens & les Maîtres qui ne sçavent
pas les discerner eux-même, font naître dans de
jeunes cœurs par des louanges excessives sur les
distinctions usitées dans les écoles pour des enfans qui remplissent leurs devoirs avec plus d'éclat
& de succès. Vasenet conduit par des principes
que le monde ignore, n'épargnoit rien pour mériter d'être le premier dans tous les éxercices de
classe : mais il prenoit grand soin de cacher à
ses parens les honneurs que son Régent décer-
noit à la supériorité de son génie; & si quelques
fois les autres Ecoliers en instruisoient ses père
& mère, il leur en faisoit des reproches avec
quelqu'amertume, leur disant qu'il n'avoit besoin

de personne pour porter de ses nouvelles à la maison. Il eût voulu se cacher à lui-même ses propres avantages; mais il ne se ralentissoit pas pour cela dans ses études par une humilité mal entendue, sçachant bien que si la Religion de JÉSUS-CHRIST défend l'ambition autant qu'elle est une passion déréglée pour la gloire & pour la fortune, inséparable de l'envie & de la jalousie, qui ne peut souffrir d'être surpassée ni même égalée par le mérite ou le succès d'autrui; il est aussi une honnête, une noble, une louable ambition, qui fait arriver aux honneurs par le chemin de la vertu sans s'embarasser que les autres les méritent, ne s'occupant qu'a les mériter elle-même, & qui par conséquent ne peut être un vice, n'ayant rien qui tienne de la vaine gloire, de l'envie & de la jalousie.

A mesure qu'il avançoit dans ses classes, il se perfectionnoit dans les objets qui les distinguent. Au commencement de sa Réthorique, il prononça un Poëme qu'il avoit composé, & dans lequel il se dépeignit parfaitement lui-même. Le sujet qu'il se proposa, étoit l'innocence des mœurs cultivée par l'étude des Belles-Lettres : il le prononça avec une grace qui ravit d'admiration le Collége & tous les Assistans qui s'y trouvèrent en grand nombre de tous les différens Ordres de la Ville de Nantes : on croyoit entendre parler l'innocence même. Sans y penser il faisoit son propre éloge,

& il le faisoit avec des traits que tout le feu de
la Poësie n'auroit pu former, si la nature même
qui parloit par sa bouche ne les eût tracés. Il
n'avoit alors que quinze ans; ce n'est plus guères
l'âge de l'innocence, & dans les Colléges de nos
jours les Ecoliers pour la plûpart ne connoissent
que le nom de cette vertu, & ne travaillent qu'à
étouffer les remords de l'avoir perdue.

Vasenet étoit arrivé à l'âge auquel, selon les
Sacrés Canons, il pouvoit suivre l'attrait de sa
vocation à la Vie Religieuse; il avoit quinze ans
accomplis, & cet âge qui paroissoit aux Pères du
Saint Concile de Trente assez mur pour se préparer à un choix d'Etat consacré au Seigneur
par une année de probation, n'a rien perdu dans
notre siècle de sa maturité. L'expérience nous
apprend que s'il y a beaucoup de jeunesse à seize
ans, il n'y a plus d'enfance à cet âge; qu'il est
d'autant plus capable d'un choix; que les passions
naissantes ne font pas encore assez de bruit pour
empêcher d'entendre la voix du Seigneur, que
difficilement entendroit-on dans l'âge où le monde
n'a que trop fait éclatter la sienne, & ne souffre
plus qu'on prête l'oreille à celle qui le con-
damne.

La grace qui appelloit Vasenet à l'Ordre des
Capucins eût été suivie dès les premiers coups
qu'elle frappa dans son cœur, si ses parens qui
avoient sur lui d'autres vues y avoient d'abord

consenti; ils crurent devoir y apporter quelque
retardement, mais en parens chrétiens qui veulent
éprouver, & non disputer à Dieu le droit qu'il a
sur toutes ses créatures pour faire ce qu'il lui
plaît. Bien différens de ces pères & mères au
sujet desquels Saint Bernard s'écrioit : *O père
dur, ô mère dure, ô parens cruels & impies,
que je n'appellerai pas parens mais tyrans, qui
pour leur consolation donnent la mort à leurs
enfans!* Ils demandèrent à leur fils un tems raisonnable pour se déterminer au sacrifice qu'il
éxigeoit d'eux : il leur accorda deux ans, pendant
lesquels il s'appliqua à l'étude de la Philosophie,
mais il ne s'y borna pas. Les Révérends Pères
Cordeliers de la Ville de Nantes enseignoient
publiquement la Théologie Scholastique, la Morale & l'Hebreu. Vasenet alloit tous les jours
prendre des leçons de ces habiles Maîtres, sans
interrompre son Cours de Philosophie. On ne
comprenoit pas comment il pouvoit fournir à
des études si différentes, sur-tout donnant plusieurs heures par jour à la Prière, à l'Oraison,
souvent à la réception des Sacremens de Pénitence & d'Eucharistie. Pendant les Avents & les
Carêmes, il ne manquoit aucun des Sermons qui
se faisoient à la Cathédrale, & qu'il écoutoit avec
tant d'attention que son Régent de Philosophie
l'ayant prié de lui raporter exactement tous les
desseins d'un célébre Prédicateur qui prêchoit le

Carême à Nantes, il lui en tint un compte si fidéle avec tant de netteté, de précision & de ju-
stesse, que le Régent en fût surpris, & en témoigna
son étonnement à plusieurs personnes qui en
ont fait le raport.

§.

Les deux ans qu'il avoit accordés à la tendresse
de ses père & mère étant écoulés, il entra à l'âge
de 17 dans l'Ordre des Capucins, & prit l'habit
à Angers où étoit alors le Noviciat des Capucins
de la Province de Touraine & de Bretagne, avec
le nom de frère Cassien de Nantes. Les vertus
qu'il avoit pratiquées constamment dans sa jeunesse, prirent dans ce nouvel état un essort qui
ne souffroit plus de contrainte comme dans le
monde, & une infinité d'autres qui avoient de-
meuré cachées dans son cœur se développèrent
à proportion que les occasions de les pratiquer
se présentoient, ou qu'un habile Maître les faisoit
naître pour l'éprouver & pour le perfectionner.
L'humilité, la douceur, la charité pour le prochain, la patience trouvoient leur place tour à
tour : il ne paroissoit point Novice dans les éxercices propres à toutes ces vertus ; mais il paroissoit vraiment Maître dans l'oraison & la con-
templation. Rien n'étoit capable de l'en distraire,
si ce n'étoit l'obéissance ; encore dans les différentes actions auxquelles l'obéissance l'appelloit,

sçavoit-il allier parfaitement l'esprit d'oraison avec celui de la soumission.

Ce fut cet esprit de soumission qui fut sa plus grande étude. On peut dire que c'est ce qui coûte le plus à acquérir; il faut avoir entièrement renoncé à soi-même pour être entièrement soumis aux autres, & on sçait combien il est difficile de se renoncer parfaitement. Il est tant de replis dans le cœur humain, qui semblent n'être faits que pour cacher l'amour propre & le dérober aux poursuites de ceux qui travaillent avec le plus d'assiduité à le détruire; on l'a forcé dans un de ses retranchemens, il est enveloppé dans un autre, & on ne s'apperçoit qu'il y est que par les ravages qu'il y cause & qui déconcerteroient aisément une âme qui ne connoîtroit pas ses artifices, & qui se reposant sur ses premiers avantages se flatteroit d'une victoire qui n'est jamais assez complette pour anéantir un ennemi qui renaît sans cesse de ses propres cendres.

Comme le renoncement à sa propre volonté fait l'héroïsme, aussi bien que l'essentiel de la vie religieuse, le grand talent d'un Père Maître des Novices est d'y former les jeunes Elèves, en les mettant sans cesse dans la nécessité de faire de nouveaux sacrifices qui ne donnent pas le tems à l'amour propre de se reconnoître, qui le détruisent par parties, & élevent insensiblement sur ses débris cette abnégation totale qui fait la per-

fection de l'Évangile. Le Frère Cassien dans qui
cet attachement à soi-même n'avoit pas eu le
tems de jetter de profondes racines, n'eut pas la
peine à en faire le sacrifice qu'auroient ceux qui
dans un âge avancé commenceroient à entrer
dans les voyes de la perfection. Il alloit au-devant
de tout ce que son Père Maître auroit pu lui
ordonner. Celui-ci qui s'en apperçut prit une
autre route : pour mortifier le secret plaisir qu'il
prenoit dans l'obéissance même, & qui pouvoit
être encore une ressource de l'amour propre, il
le reprit de ce qu'il prevenoit ses ordres, & sem-
bla l'oublier dans la foule des autres Novices, en
ne lui ordonnant plus rien : ce fut la plus terrible
épreuve que le frère Cassien eut à souffrir pendant son Noviciat, mais ce fut par elle que l'amour
propre expira; & par sa soumission à cette
épreuve, il fut jugé digne de faire sa Profession
publique. Il prononça ses vœux en 1623, avec
une satisfaction égale de sa part & de celle de
toute le Communauté des Capucins d'Angers.

§.

L'état Monastique n'a garde de se flatter qu'une
année d'éxercice dans la pratique des conseils
évangéliques fasse des hommes parfaits. Plus ces
conseils, qui deviennent des obligations quand
on s'y est engagé par vœu sont sublimes, plus
les vertus qui en sont l'objet sont élevées au-

dessus de la foiblesse humaine, & par conséquent plus elles sont difficiles à pratiquer. Ces conseils ne feroient pas la perfection de l'Évangile, s'ils ne laissoient pas le commun des Chrétiens bien loin en arrière, & si leur pratique ne coûtoit infiniment aux Héros qui ont entrepris de courir dans une carrière si pénible. C'est à la vérité le triomphe de la Grace qui forme ces hommes qui ne tiennent plus à la terre, & qui presque élevés à la nature angélique n'ont plus de conversation que dans le Ciel; mais cette grace n'agit pas tout d'un coup, & la perfection ne devient son ouvrage qu'après une longue & fidéle correspondance de celui sur lequel elle travaille. Un Novice, quelque parfait qu'on le suppose, quand il est admis à la profession solemnelle, n'est qu'un vase ébauché à qui il manque encore bien des façons avant que le Divin ouvrier y mette toutes ses complaisances : c'est pourquoi les Ordres religieux ont établi des Séminaires après le Noviciat, où les jeunes Profez s'accoutument à observer par obligation ce qu'ils n'observoient que librement lorsqu'ils étoient Novices. Dans ces Séminaires, ils apprennent à aimer les liens qu'ils se sont donnés à eux-mêmes; ils en goûtent les douceurs en les comparant aux rigueurs des chaînes que les passions avoient commencé à former dans leurs cœurs; ils s'assujettissent à toutes les observances régulières avec une volonté d'autant

plus généreuse, qu'ils sentent que tout leur bonheur dépend de cet assujettissement, & que Dieu
qui a tout fait pour eux, éxige d'eux à son tour
de grands sacrifices & ne se contenteroit pas d'un
cœur partagé entre lui & la créature. L'Oraison,
le Chant des divins Offices, les lectures de piété,
le travail, les conférences spirituelles, l'assistance
aux sacrés mystères, la fréquentation des Sacremens se succédent tour à tour : la séparation
totale d'avec les gens du siécle, habitue à ne
penser plus comme eux, & à penser plus saine-
ment sur les affaires de l'éternité, sur toutes les
grandes vérités que le monde ne veut voir qu'à
moitié, ou sur lesquelles il s'aveugle entièrement.
Une cellule qui n'a qu'un mur de séparation
d'avec le Saint des Saints, retient un esprit facile à se distraire dans une sainte frayeur qui
accoutume un jeune Religieux à trembler sur
toutes ses actions, pénétré comme Job de cette
vérité que Dieu qui voit tout ne pardonne pas
le moindre défaut qui se glisse dans nos œuvres.
Des yeux vigilans suivent par tout un jeune Séminariste, ne lui permettent aucuns écarts, ou les
redressent à l'instant. Le frère Cassien fut trois
années entières à cette école de toutes les vertus,
sous des Maîtres d'une expérience la plus cultivée dans l'art de former la jeunesse religieuse.
Le bon grain qu'ils semèrent dans un cœur aussi
bien préparé que l'étoit le sien, germa au cen-

tuple & porta des fruits tels qu'on le devoit attendre d'un jeune Eleve, qui dans le monde même avoit pratiqué toutes les vertus du cloître, & dans qui toutes les traces du passé & les images du présent, bien loin d'apporter aucun obstacle à la perfection, ne faisoient que l'y élever d'un vol rapide.

§.

L'étude succéda au Séminaire, & il eut pour Professeur de Philosophie & de Théologie le Révérend Père François de Treguier, qui avoit aussi été celui du Père Agathange de Vendôme. Ce Révérend Père étoit destiné de Dieu pour former des Missionnaires & des Martyrs : plusieurs de ses disciples sont morts du moins Martyrs de la charité dans les Missions de la Palestine, de la Syrie & de l'Egypte. Il trouva dans le frère Cassien un écolier qui étoit déja bon Philosophe, & qui avoit quelque teinture de Théologie, comme nous l'avons déja dit, & il le perfectionna dans ces sciences d'autant plus aisément que le frère Cassien s'y appliquoit avec une assiduité qui n'étoit interrompue que par la prière, où il trouvoit encore des lumières plus éclatantes sur tous les mystères de la nature & de la religion que dans l'étude : sûr de ne se jamais égarer quand il auroit pour premier Maître celui qui est appellé le Dieu des sciences, & qu'en

7

recevant ses divines leçons il joindroit la charité
édifiante à la science qui enfle sans elle.

§.

Il parut combien il étoit animé de cet esprit
de charité dans cette fameuse peste qui affligea
la Ville de Rennes, Capitale de la Province de
Bretagne, grande & belle Ville qui contient près
de 100 000 Habitans, Siége Episcopal, & où réside un des plus beaux & des plus nobles Parle-
mens du Royaume de France. Ce fut en 1631
que cette Ville fut désolée par ce terrible fléau,
qui ne cessa que bien avant dans l'année 1632,
après avoir enlevé une grande partie de ses habitans, & par la protection de la Sainte Vierge
à qui les Bourgeois & Échevins firent vœu d'ériger
une Statue d'argent, ayant à ses pieds la Ville de
Rennes avec ses murs, les vingt-quatre tours &
tous les ouvrages extérieurs dont elle étoit alors
entourée, le tout du même métail, pour être dé-
posée dans l'Eglise des Révérends Pères Domi-
nicains, où ils se rendroient tous les ans le jour
de la Nativité, pour y faire célébrer en leur présence une Messe solemnelle; ce qu'ils accom-
plissent annuellement avec beaucoup de magnificence & une piété exemplaire. Les Capucins,
que feu Monseigneur le Duc d'Orléans Régent de
France appelloit des hommes de feu & de peste,
parce que dans ces affreuses conjonctures ils se

distinguent en tous lieux par leur zèle & le courage le plus héroïque pour le service des peuples,
se distinguèrent à Rennes comme par tout ailleurs; & la Maison de Ville pour leur témoigner sa
reconnoissance de leurs travaux qui coûtèrent la
vie à plusieurs d'entr'eux, donna à leur Communauté une Custode d'argent pour porter le Saint
Sacrement aux malades dans les tems de peste.
Alors les Capucins avoient le soin du Sanitat,
qu'on nomme aujourd'hui l'Hopital Général si-
tué hors de l'enceinte de la Ville du côté de
l'Ouest. Ce fut là qu'on transporta les premiers
qui furent frappés de la peste: l'Hopital en fut
bientôt rempli, & ce fut le théatre du zèle du
Père Cassien de Nantes, qui depuis peu avoit
été élevé à la dignité du Sacerdoce. Il s'y enferma
avec quelques autres de ses confrères, & n'en
sortit qu'après que ce fléau eut entièrement cessé.
Il en fut frapé lui-même, & cependant il ne cessa
jamais d'assister les pestiférés; intrépide au milieu
des morts dont il se voyoit prêt d'augmenter le
nombre, il ne se coucha jamais, malgré la rigueur
du mal dont il étoit saisi, que pour prendre un
repos nécessaire & sans cesse interrompu par
les cris des mourans auprès desquels il voloit
aussitôt pour leur rendre les derniers devoirs &
les soulager autant qu'il lui étoit possible dans
les besoins rébutans où expose un mal aussi in-
fect. Il fût mort Martyr de la Charité, si Dieu ne

7*

l'avoit reservé pour mourir Martyr de la Foi.
Sorti du Sanitat de Rennes après la cessation
entière de la peste, & lui-même parfaitement
guéri, il reprit le Cours de ses études qu'il termina en 1633.

§.

Depuis long-temps il avoit postulé pour être
envoyé aux Missions Orientales, & le Révérend
Père Joseph de Paris Préfet de ces Missions n'attendoit que la fin de ses études pour consentir à
son départ. A peine l'obédience pour partir lui
eut-elle été remise, qu'il se mit en chemin avec
le Père Benoît de Dijon qui l'accompagnoit, destiné comme lui pour la Mission d'Égypte. Leur
voyage fut long, le Navire qui les transportoit à
Alexandrie, ayant été long-tems battu par une
furieuse tempête, dans laquelle ils furent souvent
dans un danger évident de périr : la tranquillité
de nos Missionnaires rassura plus d'une fois le
Matelot désespéré. Leurs discours pleins de
l'esprit de Dieu ranimèrent la foi & la confiance
de l'Equipage, & enfin après avoir vu souvent
de près l'image affreuse d'une mort presque in-
évitable, ils abordèrent à Alexandrie, où le Père
Cassien se livrant bientôt à son zèle prêcha trois
fois pendant quinze jours qu'il y séjourna aux
Commerçans François qui s'y trouvent toujours
en grand nombre.

Alexandrie n'étoit pas le terme du voyage du Père Cassien; il étoit destiné pour la Mission du grand Caire, & il n'y fût pas plûtôt arrivé, qu'il s'appliqua à apprendre l'Arabe : les autres Missionnaires Capucins sçachant tous parfaitement cette langue, il ne lui fut pas difficile de s'y perfectionner, d'autant plus qu'il avoit un talent particulier pour les langues. Il sçavoit outre le François, le Latin, le Grec, le Portugais, & avoit quelque teinture de l'Hebreu quand il passa en Egypte; bientôt après il s'appliqua à la langue Abissinne ou Éthiopienne, quand il conçut le dessein de passer en Éthiopie avec le Père Agathange de Vendôme, & il l'apprit avec la même facilité quoiqu'avec moins de secours. Quelques Portugais qui venoient d'Éthiopie pour aller visiter les Sts. lieux de Jerusalem, passèrent par le grand Caire & vinrent demander l'hospitalité dans la maison des Capucins François; charmés de trouver un Missionnaire qui sçavoit leur langue, ils lui firent les plus fortes instances pour l'engager à passer en Éthiopie : ils lui représentèrent & au Père Agathange de Vendôme qui étoit alors au Caire, la Religion Catholique prête à être entièrement abolie dans cet Empire, le besoin d'un secours pressant qu'avoient les Jésuites persécutés dans ce Royaume; d'où, comme nous l'avons dit ci-dessus, ils furent chassés bientôt après.

Les nouvelles qui se répandirent en effet de la révolution arrivée dans l'Éthiopie, & dont nous avons parlé dans la vie du Père Agathange, les déterminèrent tous deux à écrire au Révérend Père Joseph de Paris, pour le prier d'obtenir incessamment de la sacrée Congrégation établie à Rome pour la Propagation de la Foi les permissions nécessaires pour passer dans l Abissinnie au secours des Catholiques qui y étoient cruellement persécutés; & en attendant la réponse, le Père Cassien avec les principes de la langue abissinne que lui avoient donné les Portugais qui avoient passé au grand Caire, s'en instruisit à l'aide de quelques livres abissins suffisamment pour se faire entendre, & pour comprendre ceux qui lui parloient cette langue.

Mais pendant toutes ces différentes études, il ne négligeoit pas de mettre à profit l'arabe qu'il possédoit parfaitement, & soit dans les Eglises des Cophtes du grand Caire, soit dans les villages aux environs de cette Ville il alloit prêcher & catéchiser, & ses succès répondoient à son zèle. Trois années se passèrent dans ces saints & pénibles éxercices, souffrant avec joie la faim, la soif, la disette de toutes choses, toujours content, s'il avoit pu avancer en quelque manière l'œuvre de JÉSUS-CHRIST, en contribuant au salut des âmes. Son seul chagrin étoit de n'avoir pas encore donné son sang pour la Gloire de son divin Maître:

un secret pressentiment lui annonçoit que c'étoit dans l'Éthiopie que cette insigne faveur l'attendoit. Il partageoit avec le Père Agathange de Vendôme cette sainte impatience, ou de répandre son sang, ou de voir l'héresie confondue, & JÉSUS-CHRIST triomphant. Ils ne tardèrent pas de voir leurs desirs accomplis, & il ne nous reste qu'à les rejoindre en faisant la relation de leur Martyre.

RELATION
DU MARTYRE
DES RÉVÉRENDS PÈRES
AGATHANGE DE VENDÔME,
&
CASSIEN DE NANTES.

§.

Les Pères Agathange de Vendôme & Cassien
de Nantes avoient écrit au Révérend Père Joseph
de Paris, pour lui apprendre les tristes nouvelles
de la révolution arrivée en Éthiopie, au sujet de
la Religion, & lui témoigner le désir extrême
qu'ils avoient d'aller au secours de cette Mission
désolée; ils lui marquèrent les mouvemens qu'ils
s'étoient donnés auprès du Patriarche des Cophtes, pour donner aux Abyssins un Evêque Catholique, & les succès qu'ils s'en promettoient.
Déja Urbain VIII qui occupoit alors le Saint
Siége avec toute la gloire du zèle digne d'un
Vicaire de JÉSUS-CHRIST, avoit été informé par
Alphonse Mandès Patriarche Catholique d'Éthiopie qu'il avoit été chassé de son Siége, & avec
lui tous les Missionnaires Jésuites, & que la Religion Cophte avoit repris le dessus. Ce digne Pontife assembla aussi-tôt les Cardinaux préposés

aux affaires qui concernent la propagation de la
Foi, & leur ordonna de travailler sans relâche
au rétablissement de la Religion Catholique dans
cet Empire, dont la perte lui étoit très-sensible.
Cette Congrégation pour seconder les pieux em-
pressemens du Souverain Pontife, conclut par
un decret du 18 Novembre 1636 qu'il falloit
incessamment établir de nouvelles Missions dans
l'Éthiopie, l'une de Religieux de l'Observance
de St François, l'autre de Capucins; & afin que
cette affaire ne souffrit aucun rétardement, elle
écrivit au Révérend Père Joseph de Paris alors
Provincial des Capucins de Touraine & de Bretagne, & Préfet des Missions Orientales, pour
lui ordonner de choisir parmi ses Religieux
quatre qu'il jugeroit les plus convenables à cet
important & périlleux emploi.

Le Révérend Père Joseph de Paris qui avoit
déja reçu les lettres des Pères Agathange & Cassien, n'eut pas plûtôt les Ordres de la Congrégation *de propaganda Fide*, que jugeant qu'à
raison du besoin pressant dans lequel étoit la
Mission d'Éthiopie, il convenoit de choisir ces
quatre Missionnaires parmi ceux qui étoient déja
en Egypte aux portes de cet Empire, il destina
à cet effet les Pères Agathange de Vendôme,
Cassien de Nantes, Agathange de Morlaix & Benoît de Dijon, & leur envoya aussi-tôt l'obédience.

§.

Elle leur étoit nécessaire, dans l'Eglise Romaine nul ne s'ingére dans le ministère évangélique, s'il n'est légitimément envoyé & s'il n'a reçu sa Mission de ceux qui dans l'Ordre Hyérarchique ont l'autorité de la lui donner. Les Evêques la donnent dans toute l'étendue de leurs Diocèses, le Souverain Pontife la donne dans toute l'Eglise, dans laquelle comme Vicaire de JÉSUS-CHRIST il a une Jurisdiction universelle; mais spécialement dans les pays Infidéles qui ne sont soumis à aucun Évêque en particulier. C'est dans le Siége de Pierre qu'est le centre commun de la prédication de l'Evangile, & ceux qui travailleroiènt sans rapport à ce centre travailleroient sans régle & sans aveu de la part du Corps & du Chef des Apôtres qui sont les Evêques & le Souverain Pontife, à qui seuls il appartient de connoître de la véritable Doctrine de JÉSUS-CHRIST en elle-même, & de rendre témoignage à ceux qu'ils envoyent. L'Eglise n'a jamais varié sur ces principes qu'Elle a appris de son divin Maître, qui ayant reçu sa Mission de son Père, la donna de même à ses Apôtres, afin que par eux Elle passât à leurs Successeurs & à tous les Ministres inférieurs aux Evêques.

Les Pères Agathange & Cassien avant de recevoir leur Mission, & jugeans que leur Obédience

ne pouvoit parvenir jusqu'au grand Caire qu'a-
près un certain tems, se déterminèrent à satisfaire
la pieuse curiosité qui les portoit à aller visiter
les saints lieux de Jerusalem, pressés intérieurement d'aller apprendre à répandre leur sang
pour JÉSUS-CHRIST dans les lieux même où
JÉSUS-CHRIST avoit répandu le sien pour eux &
pour tous les hommes : mais en zèlés Missionnaires qui regardent comme perdus tous les
momens qu'ils n'employent pas au salut des
ames, ils visitèrent en chemin une certaine portion de Cophtes, qui depuis long-tems étoit attachée & soumise à l'Eglise Romaine; ces Cophtes sont dispersés dans plusieurs villages de la
basse Égypte; ils anathématisent les erreurs de
Dioscore, & ne reconnoissent point le Patriarche
d'Alexandrie; mais ils ont faute d'instruction,
beaucoup d'autres erreurs & de pratiques super-
stitieuses qu'ils ont prises du commerce conti-
nuel qu'ils ont avec les Turcs : ignorans à l'extrême, mais dociles comme le reste de leur
Nation; ils reçurent avec une extrême satisfaction
la visite de nos deux fervens Missionnaires, &
les écoutèrent comme des Anges envoyés de
Dieu. Ceux-ci les quittèrent, pour continuer leur
voyage vers Jérusalem, où ils arrivèrent au mois
d'Avril 1637, avec promesse de repasser par
chez eux, ce qu'ils firent après avoir satisfait à
leur dévotion dans tous les lieux de la Terre

Sainte que JÉSUS-CHRIST a consacrés par les
principaux mistères de sa vie & de sa passion.
On a des lettres de leur part écrites à leurs parens, de Jérusalem même, remplies de l'esprit
qu'ils y avoient puisé.

§.

Tandis qu'ils étoient occupés à ces saints éxercices, & que tous les pas qu'ils faisoient étoient
marqués par le bien qu'ils opéroient, à l'exemple
du Sauveur, qui remplissoit de ses bienfaits tous
les lieux où il passoit, Pierre Leon, ce Luthérien
dont nous avons déja parlé dans la vie du Père
Agathange, irrité des obstacles que celui-ci avoit
mis à son voyage d'Éthiopie, & sçachant qu'il
devoit passer lui-même dans cet Empire, forma
le plus détestable projet que l'hérésie puisse inspirer; elle n'en inspire que de funestes & sanguinaires, c'étoit d'accompagner le nouvel Evêque
que le Patriarche des Cophtes avoit sacré pour
l'Abyssinie, de pervertir ce Prélat qu'il sçavoit
être attaché à l'Eglise Romaine, & de faire périr
le Père Agathange dès qu'il seroit arrivé en Éthiopie.

Ce méchant homme, natif de Lubec, Ville
d'Allemagne dans la Basse-Saxe, Capitale des
Villes Anséatiques, qui embrassa une des premières les erreurs de Luther, & y est demeurée
la plus opiniâtrement attachée, se nommoit Pierre

le Bing(1); mais changeant de nom selon la diversité de ses intérêts & de ses desseins, il prenoit
quelquesfois celui de Germain, quelquesfois celui
de Pierre Leon, & c'est celui sous lequel il étoit
le plus connu. Il s'étoit mis en tête de pervertir
le Royaume d'Éthiopie, de l'infecter des erreurs
du Luthéranisme, & sçachant que ce Royaume
étoit Catholique dans le tems qu'il arriva au
grand Caire; il affecta de le paroître avec tous
les éxercices de piété & de sainteté que la Religion Romaine inspire. Médecin de profession, il
l'éxerçoit sans aucun salaire, & avec tant de charité en apparence pour les pauvres, qu'il s'acquit
bien-tôt l'estime des Catholiques, des Schismatiques, des Turcs même. A tous ces dehors, qui
en imposent si aisément aux hommes, & qui ne
sont d'aucun mérite sans la foi, il joignoit une
science superficielle de Philosophie & Théologie,
& un usage parfait de plusieurs langues, sur-tout
de l'Hébreu, du Grec, de l'Arabe, de l'Éthiopien.

Quelqu'attention qu'il eut à cacher le venin
de ses erreurs, il ne put cependant échaper aux
lumières des plus clairvoyans, surtout du Père
Agathange de Vendôme, d'autant plus qu'il eut
l'imprudence de faire confidence de ses projets
à des personnes qui le trahirent. Le Pape Urbain VIII en fut informé, & donna ordre au

(1) Le savant Ludolf, Allemand lui-même, nous apprend
qu'il s'appelait Peter Heyling ou Hölling. *(A. d'A.)*

Révérend Père Michel de Saxe, Dominicain, qui
étoit alors dans la Mission d'Egypte de suivre
cet homme, & d'informer la Cour Romaine de
toutes ses démarches; il le fit, & c'est de la Relation qu'il envoya au Pape, que nous avons
tiré ce que nous rapportons ici, & dirons dans
la suite au sujet de Pierre Leon.

Toutes les voies pour entrer en Éthiopie lui
ayant été fermées par le Père Agathange, il ré-
solut de se les faire ouvrir par ceux même qui
les lui avoient fait fermer; les enfans de ténébres
sont plus sages pour arriver à leurs fins que les
enfans de lumière ne le sont pour les en empêcher; mais leur sagesse & leur prudence ne
sont que fourberie, au lieu que celles des enfans
de lumière ne sont qu'une simplicité chrétienne
que l'artifice & l'imposture trompent souvent.
Pierre Leon va sous un faux nom demander au
Patriarche des Cophtes à être reçu dans son Monastère. Ce n'est pas le goût des Luthériens de
se rendre Moines; mais son projet ne pouvoit
mieux réussir que par cette voie; il affecte un
desir ardent de travailler à l'instruction de ceux
qui étoient soumis à ce Patriarche, & laisse entre-
voir en fourbe habile quelque penchant pour
l'Eglise Romaine, n'ignorant pas les dispositions
du Prélat sur cet article. Bien-tôt il est admis au
Noviciat, & en prenant l'habit des Disciples de
Saint Macaire, il souffre la sanglante cérémonie

de la circoncision. Deux mois ne s'étoient pas encore écoulés, qu'il est reçu à faire profession selon l'usage des Monastères d'Égypte, qui n'exigent pas une plus longue épreuve, & il se pressa d'autant plus à demander qu'on n'eût pas poussé plus loin le tems de son Noviciat, qu'il sçavoit qu'Ariminius, Evêque nouvellement nommé pour l'Éthiopie étoit sur le point d'y passer, & que son premier projet étoit de l'y accompagner; il s'en ouvrit au Patriarche, qui le lui accorda avec des lettres de recommandation pour l'Empereur.

Les Pères Agathange & Cassien n'étoient pas encore de retour de leur voyage, & saintement occupés à l'instruction des pauvres Chrétiens dont nous avons parlé, ils s'avançoient lentement vers le grand Caire, ignorans ce que l'Ange de Satan tramoit contr'eux. Pendant ce tems, Ariminius accompagné de Pierre Leon en habit de Religieux Cophte, profita d'une caravane qui passoit en Éthiopie, & ne tarda pas de donner toute sa confiance au malheureux hipocrite, qui plus habile & plus rusé que lui, détruisit bien-tôt dans son esprit tous les principes que lui avoit donné le Père Agathange, & toute l'estime qu'il avoit conçue pour lui.

Il n'en vint cependant pas à bout tout d'un coup, Ariminius qui avoit plus de droiture que de science regrettoit souvent l'absence du Père Agathange, tandis que Pierre Leon par des so-

phismes cent foit rebattus dans la bouche des
hérétiques, & cent fois confondus par les Catholiques, cherchoit à le séparer de la Communion
de l'Eglise Romaine. Feignant d'ignorer que
l'Evêque avoit fait abjuration du Schisme, il donnoit de grands éloges à la Religion des Cophtes,
les louant surtout de ce qu'ils refusoient de reconnoître la primatie du Saint Siége de Rome;
il l'ébranla par tous les argumens que Luther &
Calvin ont opposé à la prééminence du Vicaire
de JÉSUS-CHRIST. Ariminius n'étoit pas en état
de lui répondre & parut convaincu; Pierre Leon
alla plus avant, non content de le faire rentrer
dans le Schisme où il avoit été élevé dès son
enfance, & sentant la supériorité qu'il avoit sur
lui, il s'attacha à effacer de son esprit les idées
avantageuses qu'il avoit conçues de la grandeur
& de la sainteté de l'Eglise Romaine; il lui inspira des sentimens d'horreur & de mépris pour
cette Epouse de JÉSUS-CHRIST, la lui représen-
tant selon l'usage des Protestans comme une pro-
stituée qui corrompt l'Evangile par le poison de
ses erreurs; il n'osa cependant passer outre, crai-
gnant de se rendre suspect, & comptant bien le
rendre tout à fait Luthérien quand ils seroient
en Éthiopie.

Pierre Leon n'avoit encore ébauché que la
moitié de son projet : ce qui l'intéressoit le plus,
c'étoit de perdre le Père Agathange dans l'esprit

du Prélat; il revint souvent à la charge, & il le
trouvoit toujours plein d'estime & de vénération
pour lui, même de reconnoissance de lui avoir
procuré le Siége Épiscopal de l'Abyssinie; mais
les ressources ne manquent jamais à la malice
pour parvenir à ses fins. Pierre Leon n'avoit pas
encore attaqué Ariminius par ses propres intérêts; il tenta cette voie là seule qui lui restât, &
il y réussit. Peu d'hommes sont à couvert de
pareilles attaques; une ambition satisfaite se retourne bien-tôt contre ceux qui pourroient l'hu-
milier : un mérite médiocre, élevé contre son
espérance, en craint un supérieur qui le peut
supplanter, & s'attache avec d'autant plus de
force à le détruire que malgré les illusions de
l'amour propre, il sent bien qu'il est le moins
digne de la place qu'il occupe. Pierre Leon qui
connoissoit le foible du cœur humain, & qui
avoit assez pénétré Ariminius pour le connoître
défiant, vice qui d'ailleurs est fort naturel aux
Égyptiens, lui inspira mille défiances du Père
Agathange. Ce Missionnaire François, lui dit-il,
en travaillant à vous faire Évêque des Abissins,
n'a travaillé que pour lui-même : ne pouvant se
faire élire à votre place à cause de la diversité
de Religion, il a fait tomber le choix sur vous,
afin de pouvoir sous votre protection s'établir
en Éthiopie, & gagner peu à peu par la supériorité de ses lumières la confiance de la Cour &

8

du Peuple à votre préjudice. Souvenez-vous, lui dit-il, du triste sort de Simeon votre prédécesseur, qui ayant été forcé d'entrer en dispute sur les points contestés entre l'Eglise Romaine & la vôtre, avec le Père Païs Jésuite, en sortit avec tant de honte & de confusion, qu'il fut réduit à se cacher & à prendre la profession de Meûnier pour vivre. Que sçavez-vous, ajoûta-t-il, si ce Religieux, Émissaire du Pape, n'a point été sacré Archevêque d'Éthiopie à la place d'Alphonse-Mandez, qui vient d'être chassé de votre Siége par le Roi Bazilidés, & qui n'y peut plus rentrer? Le voyage que le Père Agathange vient de faire dans la Palestine me fait soupçonner quelque mistère qu'il est important de prévenir.

Ç'en étoit trop pour le caractère soupçonneux d'Ariminius : dèslors il prit la résolution d'écarter d'Éthiopie le Père Agathange ; mais Pierre Leon avoit dessein de le faire périr, & tous deux dans ces sentimens arrivèrent au commencement de l'année mil six cens trente sept, à Dombea Capitale d'un Royaume de même nom, une des Provinces de l'Abissinie où étoit alors Basilidès avec sa mère & toute sa Cour. L'Empereur reçut avec des témoignages extraordinaires de respect & de déférence son Evêque qu'il attendoit depuis longtems avec beaucoup d'impatience, & il considéra Pierre Leon comme un Prophéte envoyé de Dieu, tant à cause des grands éloges que lui donnoit le Patriarche des Cophtes dans les lettres qu'il lui écrivoit, qu'à cause du témoignage que lui rendit le nouvel Evêque de sa piété & de sa science.

Dès qu'Ariminius eût senti l'air de la Cour qui étoit toute décidée pour la Religion Alexandrine entièrement opposée à la Romaine, sur-tout la mère de l'Empereur, en lâche courtisan, il retomba dans le schisme, & son premier soin fut de demander des ordres pour arrêter sur les confins du Royaume, tous les étrangers qui se présenteroient pour y entrer, sur-tout ceux qui viendroient du côté de l'Egypte, dans la crainte, disoit-il, qu'il ne s'y introduisit comme autrefois des hommes envoyés par le Pape, pour mettre le trouble dans l'Éthiopie.

Pierre Leon triomphoit en secret du succès de toutes ses intrigues, & se flatoit de voir bientôt tout cet Empire devenu Luthérien, & de se venger cruellement du Père Agathange qui avoit retardé l'éxécution de son projet; il réussit en effet, dans le dessein de le faire périr, mais il échoua dans l'autre projet qu'il avoit formé, & il périt lui-même misérablement comme nous le verrons dans la suite.

§.

Cependant le Père Agathange & le Père Cassien de retour du voyage de paix qu'ils venoient de faire, bien différent de celui de leurs ennemis

8*

qui n'avoient formé dans le leur que des projets
de sang, avoient trouvé au grand Caire tous les
ordres nécessaires pour partir pour l'Éthiopie,
& se préparoient à y aller éxécuter leur Mission,
malgré les remontrances de leurs amis qui dés-
espéroient de les revoir jamais, connoissans les
dangers que couroient les Catholiques dans ce
Royaume, & le zèle intrépide des deux Missionnaires; mais rien ne fut capable de les arrêter.
Ce fut en vain que le Consul François résidant
au Caire leur représenta qu'il lui paroissoit peu
convenable de quitter une Mission où ils faisoient
des fruits immenses, d'où on pouvoit espérer de
voir bientôt toute la secte des Cophtes en Égypte
réunie au Saint Siége, pour aller dans une nouvelle Mission où tout étoit en confusion, le succès
très-incertain & où ils périroient infailliblement;
ils lui répondirent qu'il restoit après eux au Caire
un nombre de Missionnaires plus capables qu'eux
de perfectionner l'ouvrage qu'ils avoient commencé; que les Catholiques d'Éthiopie étoient
sans secours & exposés à un orage qui les auroit
bientôt renversés, s'ils n'étoient soutenus; que le
désir qu'ils avoient de s'y rendre étoit trop ardent
pour qu'il ne fût pas l'effet d'une inspiration
divine; qu'ils sentoient bien qu'ils alloient répandre leur sang pour la Gloire de JÉSUS-CHRIST,
mais que le sang des Martyrs étoit le germe d'où
naissoient les Chrétiens.

§.

La plus grande difficulté étoit de faire le voyage
du grand Caire en Éthiopie, y ayant des déserts
immenses à pénétrer avec des incommodités auxquelles deux pauvres Capucins sans argent ne pouvoient pourvoir sans quelqu'un de ces secours
que la Providence ménage toujours pour l'éxécution de ses desseins; elle ne manqua pas dans
cette occasion à nos deux Missionnaires. Un de
ces Bachas que le grand Seigneur envoye tous
les trois ans à Souaquen(1), Ville près de l'embouchure de la Mer Rouge, autrefois dépendante
de l'Empereur des Abissins, sur lequel le Turc
l'a conquise, passa dans ce tems au grand Caire,
pour se rendre à son Gouvernement, qui comprend cette Ville & tous les pays limitrophes de
l'Éthiopie, telle qu'elle est actuellement, & ceux
de la Mer Rouge. L'occasion étoit favorable, &
nos Missionnaires résolurent d'en profiter, en
obtenant par leurs amis la liberté d'accompagner
ce Bacha; ils volent aussi-tôt à Saint Macaire,
pour voir le Patriarche d'Alexandrie qu'ils trouvèrent toujours également disposé en leur faveur,
ils lui demandèrent des lettres de recommandation pour Basilidès, pour l'Archevêque qu'ils

(1) Il s'agit sans doute de *Sawakyn* ville d'Afrique dite
quelquefois *Suakim* et située par 19⁰ 5' de latitude vers le
milieu & non près l'embouchure de cette mer. *(A. d'A.)*

avoient envoyé de concert en Éthiopie, & pour
le peuple. Ce bon vieillard les leur accorda dans
les termes les plus favorables & les plus propres
à leur concilier la faveur du Prince, du Prélat &
des Sujets; il leur conseilla de prendre l'habit de
Religieux Cophtes par dessus celui de Capucins,
pour avoir une entrée plus libre dans le Royaume,
& les embrassant tendrement, il leur souhaita tous
les succès que méritoit leur zèle, ne leur dissimu-
lant cependant pas le danger auquel ils s'expo-
soient; mais il ne leur parla pas de Pierre Leon
qu'il ne connoissoit pas sous ce nom, & les Missionnaires l'avoient perdu de vue, ne sçachans
ce qu'il étoit devenu & n'ayans garde de soupçonner l'indigne ruse dont il s'étoit servi pour
passer en Éthiopie.

De retour au Caire, ils se disposent à partir &
font parler au Bacha; pour le prier de vouloir
bien les recevoir à sa suite, mais leurs amis s'op-
posent si fortement à leur départ, qu'ils balancent
& laissent partir le Bacha de Souaqüen. Le re-
pentir suivit bientôt ce moment de pusillanimité.
Quoi, se disoient-ils secretement à eux-mêmes,
nos frères sont dans l'oppression, ils gémissent
sous les fers & la captivité; ils errent de caverne
en caverne, & ont à peine la liberté de respirer.
Nous avons en main des moyens propres à faire
cesser la persécution & à faire triompher la cause
de JÉSUS-CHRIST & de l'Epouse qu'il a acquise

par son Sang, & nous demeurons tranquilles spectateurs du triomphe de l'hérésie, de la perte des Éthiopiens dont le salut est dans un danger évident! Non, Seigneur, s'écrièrent-ils dans le fond de leurs cœurs, il ne sera pas dit que vous nous auriez inspiré des desseins que nous n'aurions pas le courage d'éxécuter avec votre sainte grace!

La honte d'avoir fait un pas en arrière les empêcha quelques jours de se communiquer leurs réfléxions secretes; mais enfin le feu ardent d'un nouveau zèle leur fait rompre le silence, & sans aucun retardement ils vont trouver un riche Négociant Venitien nommé le Sr. Xanto homme d'une grande piété & leur intime ami, pour lui demander conseil sur les mesures qu'ils devoient prendre pour leur départ. Xanto bien différent des autres amis de ces Pères qui vouloient toujours les arrêter, leur dit que s'ils différoient de partir, ils ne pourroient passér de trois ans en Éthiopie, n'y ayant pas de moyen d'y aller qu'à la faveur du passage des Bachas de Souaquen; que celui qui venoit de sortir du Caire ne pouvoit être bien loin, allant à très-petites journées à raison des gros bagages qu'il traînoit à sa suite, & qu'il n'avoit garde d'abandonner, tout le pays étant rempli de voleurs attroupés qui ne vivent que de rapines, que d'ailleurs tous les Emirs & Gouverneurs de ces cantons venoient à sa rencontre, ce qui retardoit beaucoup sa marche. Il

s'offrit à leur donner un bateau avec toutes les
provisions nécessaires pour les transporter par
le Nil, jusqu'à ce qu'ils eussent rejoint le Bacha:
des offres aussi gracieuses n'étoient pas de nature
à être refusées par des hommes qui n'y voyoient
que les effets d'une Providence la plus marquée,
& Xanto accompagna tous ces bienfaits d'une
lettre de recommandation pour un Emir Seigneur
du pays de Gorges, contrée sur les bords du Nil
entre le grand Caire & le désert de Cassir, dont il
étoit très connu & qui leur fut d'une grande utilité.

§.

Les Pères Agathange & Cassien partirent enfin
le 23 Décembre 1637 avec les regrets de tous les
Habitans Catholiques & Cophtes du Caire, même
d'un grand nombre de Turcs qui avoient conçu
pour eux une estime singulière. Les Pères Agathange de Morlaix & Benoît de Dijon qui étoient
destinés comme eux par la Congrégation *de propagandâ Fide* pour la Mission d'Éthiopie, ne ju-
gèrent pas à propos d'entreprendre alors le voyage, tant parce qu'ils ne sçavoient pas encore la
langue Abissinne que parce qu'ils crurent que
dans les circonstances présentes il ne convenoit
pas de paroître un grand nombre de Religieux
à la fois, de peur de donner de la jalousie au
Gouvernement. Nos deux Missionnaires partirent
donc seuls, & remontans le Nil ils rejoignirent

en quinze jours de navigation le Bacha à Gorges où ils allèrent aussi-tôt trouver l'Emir Seigneur de ce canton, & lui présentèrent la lettre de recommandation du Sieur Xanto. Cet homme plein de générosité; car les Turcs en ont beaucoup plus que nous ne le croyons communément en Europe, se chargea de les présenter au Bacha, & de le prier de les recevoir en sa compagnie, ce qu'il fit & l'obtint; il leur fit présent de deux chameaux pour porter leur bagage, leurs provisions, & sur-tout l'eau qui leur étoit nécessaire dans le désert de Cassir, qu'on ne peut traverser que dans l'espace d'un mois, & deux jours après ils entrèrent dans ce désert à la suite du Bacha qu'on nomme à la Porte le Beglierbei d'Abassie, qui les prit volontiers à sa suite pour les conduire à Souaquen.

Il n'est pas aisé de comprendre ce que ces deux pauvres Religieux souffrirent dans le désert brûlant de Cassir; mais le feu de l'amour de Dieu qui les dévoroit intérieurement étoit encore plus ardent que celui de ce désert Africain; aussi dans une Lettre qu'ils écrivirent aux Capucins Missionnaires du Caire aussi-tôt après leur arrivée à Souaquen, (la Lettre est du 22 du mois de Mars 1638) ils ne font nulle mention de ce qu'ils ont eu à souffrir; ils n'écrivent que pour inviter leurs Frères à bénir la Divine miséricorde des graces dont elle les a comblés, surtout du bienfait in-

attendu qu'elle leur a menagé à Souaquen, où
ne sçachant comment trouver une retraite, elle
les avoit conduits comme par la main chez un
Grec Catholique, nommé Constantin, Orfévre
ordinaire des Beglierbeis d'Abassie, homme zèlé
& très-charitable, qui avoit reçù chez lui Al-
phonze-Mendez, Patriarche des Catholiques d'É-
thiopie, obligé de sortir de cet Empire, & lui
avoit fourni tous les secours nécessaires pour
passer à Goa, grande & forte Ville d'Asie, dans
la presqu'Isle, en deça du Gange, appartenante
au Roi de Portugal. Ils disent dans cette Lettre
que ce Grec zèlé pour la gloire de Dieu les avoit
fortement animé à poursuivre leur voyage, les
assurant que la pauvreté dont ils faisoient profession les feroit admirer des Éthiopiens, qu'il
sçavoit ne pas estimer & ne pas écouter volontiers des Missionnaires qui acquéroient des richesses dans leur Pays.

  Telle fut en substance la Lettre qu'ils écrivirent
à leurs confrères de la Mission d'Egypte. Le pieux
Grec dont il est fait mention leur conseilloit d'attendre pour passer en Éthiopie l'occasion d'un
Aga ou Officier Turc, que le Bacha de Souaquen
aussi-tôt après son arrivée à son Gouvernement
est obligé d'envoyer à l'Empéreur Abissin pour
lui porter un certain tribut, qui n'est cependant
qu'une cérémonie, pour témoigner les bonnes
dispositions où est l'Empire Otoman, d'entre-

tenir avec lui la paix & la bonne intelligence;
car l'Éthiopien est obligé d'envoyer aussi-tôt un
Ambassadeur à Souaquen pour y porter un tribut
plus considérable, & dèslors que cette cérémonie
manque de part ou d'autre, c'est une déclaration
de guerre; mais l'Aga Turc ne devoit partir que
dans trois mois : ce terme étoit trop long pour
des Hommes qui brûloient du zèle du salut des
ames, pour qui chaque moment de rétardement
étoit un siècle, & qui craignoient sur-tout qu'une
longue absence ne refroidit Ariminius, le nouvel
Evêque d'Éthiopie, qu'ils croyoient toujours leur
ami & catholique ferme, mais exposé sans secours
à tous les attentats d'un schisme qui avoit repris
le dessus.

§.

Le Bacha peu après son arrivée déclara qu'il
envoyoit un exprès au Port d'Archique(1), Ville
d'Afrique, à deux journées de Souaquen, située
sur la côte d'Abez, près la Mer Rouge, avec un
très-bon Port, qui y rend le commerce très-floris-
sant. Dans tout ce Pays, il est extrêmement dangereux de voyager qu'en caravane, à cause des
troupes de voleurs, qui jusqu'aux portes des Villes commettent mille brigandages : les Bachas y
mettent peu ou point d'obstacles, soit parce que

(1) Probablement ʿ*Aqyq*. (*A. d'A.*)

ces voleurs leur paient sécrettement un certain
tribut, soit parce qu'ils occasionnent des cara-
vanes qui sont d'un grand revenu pour les Offi-
ciers Turcs. Les Pères Agathange & Cassien vont
aussi-tôt trouver le Bacha, pour le remercier de
toutes les bontés qu'il avoit eues pour eux dans
la route de Gorges à Souaquen, & lui demander
la permission d'accompagner le Mutssalem qu'il
envoyoit à Archique avec une forte garde : il y
consentit avec des marques d'estime & de considération auxquelles ils ne s'attendoient pas,
ayant donné ordre qu'on eût reçu ces deux Religieux François dans la forteresse d'Abez, où
personne n'a la liberté d'entrer sans une permission expresse du Bacha. Ils partirent avec
l'escorte qui conduisoit les Mutssalem & arrivèrent à Archique, justement dans le tems qu'un
grand nombre de Marchands qui étoient venus
dans cette Ville pour leur commerce se préparoient à passer en Éthiopie sous la conduite d'un
Mouere Turc, c'est-à-dire conducteur de caravane, qui devoit les conduire jusqu'à Dombea (1)
où étoit la Cour de l'Empereur Abissin.

Alors ils prirent l'habit de Religieux de l'Abbaye de Saint Macaire par-dessus celui de Capu-

(1) Les indigènes disent *Dambya* nom de district qui
comprenait la ville de *Gondar* où le martyre eut lieu. On
m'y a dit que cette ville n'est plus regardée comme faisant
partie de *Dambya. (A. d'A.)*

cins qu'ils ne quittèrent point, & ayans demandé
à être reçus dans la caravane d'Archique, ils y
furent admis & partirent aussi-tôt pour se rendre
à Barva(1) autrement Saravi, Capitale du Royaume
de Barnagasse, une des Provinces qui forment
l'Empire Éthiopien située dans les terres sur les
bords du Fleuve Marabu, qui sépare de ce côté
le pays de la domination du Turc d'avec celui
d'Abyssinie. La caravane arriva en huit jours de
marche, les sinuosités du Nil obligeans de faire
plusieurs détours par les Montagnes.

§.

C'est ici que commence le glorieux Martyre
des Révérends Pères Agathange de Vendôme &
Cassien de Nantes; jusqu'ici ils avoient souffert
la faim, la soif, les chaleurs les plus ardentes, les
fatigues d'une route très-longue & très-pénible;
mais la persécution en haine de la Religion de
JÉSUS-CHRIST n'avoit point de part à ces souf-
frances; désormais les fers, les prisons, les traitemens les plus barbares, & enfin une mort cruelle
vont être leur sort, & ils les subiront avec un courage invincible pour la Gloire de JÉSUS-CHRIST.
Le Gouverneur de Barva nommé Théodore avoit

(1) Il s'agit ici de *Dïbarua*, village du *Sarawe* fort déchu
de son antique importance. Le *Bahrnagax* ou gouverneur
de la côte maritime, résidait dans le siècle actuel à *Dïgsa*,
en *Akalaguzay*. *(A. d'A.)*

reçu les ordres de la Cour d'arrêter tous les Religieux étrangers qui se présenteroient pour entrer
en Éthiopie. Un grand Vicaire de l'Evêque Ariminius avoit des ordres secrets pour y veiller
avec toute l'attention possible, & des signalemens
auxquels il ne pouvoit méconnoître les deux
Capucins François : d'ailleurs la blancheur de
leur visage quoiqu'extrêmément hâlé par les ardeurs du Soleil les faisoit assez connoître pour
être ceux à qui on en vouloit principalement,
tous les habitans du pays étans parfaitemens noirs.
Le Gouverneur & le Grand-Vicaire les inter-
rogent, & sur la réponse qu'ils font, qu'ils viennent d'Egypte & qu'ils sont porteurs de lettres
de la part du Patriarche des Cophtes pour l'Empereur, l'Evêque & le Peuple d'Éthiopie, ils or-
donnent qu'on fouille dans leur bagage, ce qui
est sur le champ éxécuté; les Calices, les Autels
portatifs, les Ornemens selon le Rit Romain &
quelques livres propres pour la Mission qu'ils
projettoient de faire en ce pays les décélent; ils
s'étoient flattés qu'étant chargés de lettres pour
le Roi on ne les eût pas fouillé, ils se trompèrent,
on les dépouilla même; & comme on les trouva
revêtus d'un habit inconnu sous celui de Religieux Cophtes; on leur ôta ces habits empruntés,
& à la place ils se virent chargés de fers & de
chaînes d'une extrême grosseur qu'on leur mit
aux pieds & au cou selon l'usage du pays, &

jettés en cet état dans une affreuse prison. Mathias Viceroi de Barnagasse informé de la détention des deux prisonniers, ordonna qu'on lui envoyât les lettres adressées à l'Empereur & à l'Archevêque, pour les envoyer à la Cour, & qu'en attendant la réponse ils fussent étroitement resserrés.

§.

Ses ordres ne furent que trop fidélement éxécutés : des Turcs qui avoient conduit la caravane par laquelle étoient venus ces deux Religieux, rapportèrent au Grec Constantin cet hôte charitable qui les avoit reçus avec tant de bonté à Souaquen, qu'ils avoient été les trois premiers jours & les trois premières nuits en prison, sans qu'on leur eût donné ni à boire ni à manger; qu'une Religieuse Cophte sœur du Gouverneur de Barva, poussée par un esprit de curiosité, disoient-ils, mais plûtôt inspirée de Dieu avoit été les visiter dans leur cachot, & leur avoit fait porter du pain, de l'eau, du vin & de la viande, mais que ces bons Religieux n'avoient accepté que le pain & l'eau & avoient renvoyé le reste avec action de grace, ce qui ravit tellement d'admiration cette Religieuse nommée Monique qu'elle demanda au Gouverneur son frère, qui se répentoit de les avoir traité si durement la liberté de les aller voir souvent, ce qu'elle obtint aisément.

Elle y alloit accompagnée de plusieurs personnes, & les Pères courbés sous le poids de leurs chaînes qu'ils baisoient souvent, les appellans des pierres précieuses qu'ils étoient venus chercher des pays éloignés & qu'ils avoient eu le bonheur de trouver, leur annonçoient les vérités Catholiques, & combattoient puissamment les erreurs du Schisme dans lequel les Egyptiens & les Abissins avoient le malheur d'être ensevelis. On ignore quel fut le fruit de leurs prédications. On a seulement sçu par les informations qui furent faites ensuite, que la Sœur Monique se convertit & reçut d'eux l'absolution de l'hérésie, ce qui lui procura la faveur d'être miraculeusement instruite du Martyre de ces deux fervens Missionnaires au moment même qu'ils le souffrirent.

Quarante jours entiers s'écoulèrent avant que les ordres de la Cour fussent arrivés; & pendant tout ce tems, ils ne prirent par jour qu'une demie livre de pain chacun, avec un peu d'eau pour appaiser tant soit peu leur soif qui devoit être excessive, vu leur épuisement, & les chaleurs extrêmes du pays. Ils eussent pu accepter les soulagemens qu'on leur offroit, mais ils vouloient se préparer au Martyre par l'austérité & la pénitence. La méditation continuelle des vérités célestes, les dédommageoit abondamment de ce qu'ils souffroient pour JÉSUS-CHRIST, les louanges de Dieu qu'ils chantoient jour & nuit, étoient la nourriture solide qui les soutenoit : semblables à Saint Paul dont ils partageoient les fers, ils surabondoient de joie dans cette seule pensée qu'ils consommeroient bien-tôt leur sacrifice, ou que par quelqu'un de ces coups admirables de la Providence dont il n'osoient cependant presque plus se flatter, leurs tribulations serviroient à la conversion des Éthiopiens.

Les ordres de l'Empereur arrivèrent enfin, & enjoignoient au Gouverneur de lui envoyer à Dombea les deux prisonniers sous sure garde, & qu'ils fussent traités comme criminels d'état. Le trajet est immense; cependant on le leur fit faire à pied liés de grosses cordes, & si étroitement serrées qu'elles s'étoient imprimées dans la chair, car on les avoit mis tous nuds en sortant de prison : la marche fut d'un mois; & malgré leur épuisement extrême causé par le peu de nourriture qu'ils avoient pris dans la prison où ils restèrent quarante jours, malgré la foiblesse & les maladies qui en furent les suites, il leur fallut toujours suivre dans leur voyage le train des mulles à la queue desquelles ils étoient attachés, sans avoir d'autre répos que celui qu'on accordoit par nécessité à ces bêtes sur lesquelles il ne leur étoit pas même permis de monter.

Arrivés à Dombea le jeudi troisième Juin 1638, ils furent présentés à l'Empéreur révêtus de leurs

habits de Capucins qu'on leur avoit rendus; &
sans vouloir les entendre, il les condamna à être
pendus. Que les préjugés du schisme & de l'hérésie sont forts & violens! Basilidès n'étoit pas
d'un caractère féroce & inhumain, mais il étoit
livré au phanatisme, il n'en falloit pas davantage
pour étouffer en lui tous les sentimens d'huma-
nité : il n'avoit qu'à abandonner les deux prisonniers à la foiblesse où les avoit réduits la
prison de Barva & les rigueurs du voyage qu'ils
venoient de faire; ils y eussent bien-tôt succom-
bé, & il se seroit épargné un crime de plus, mais
la fureur de l'hérésie ne réfléchit pas, & ne garde
pas de mesure. Sa soumission à son Evêque
retarda l'éxécution de sa Sentence; les prisonniers sans se plaindre de l'Arrêt qui les condam-
noit à la mort, lui demandèrent qu'il leur fût
permis de parler à ce Prélat; dèslors Basilidès
qui ne passoit pas un seul jour sans recevoir sa
bénédiction & lui baiser les pieds, qui ne faisoit
même rien dans son Empire sans le consulter,
n'osa passer outre & ordonna que les deux Capucins demeureroient sous la garde de leur conducteur nommé Theduiz jusqu'au jour où il les feroit
comparoître devant lui & devant l'Archevêque.

Celui-ci éloigna autant qu'il pût cette entre-
vue, n'osant paroître devant un homme entre les
mains duquel il avoit fait abjuration de ses erreurs,
& dont la présence lui auroit reproché sa double

apostasie : animé par Pierre Leon, qui de son côté agissoit auprès de Basilidès & de sa mère, il vouloit que la Sentence fut éxécutée sans autre formalité; mais le Prince qui n'entrevoyoit pas le mistère & qui se repentoit de la précipitation de son premier Jugement, ordonna que les deux prisonniers seroient interrogés en sa présence, celle de l'Archevêque & des grands de sa Cour, & en attendant un jour convenable à cet effet il les fit conduire en prison.

Comme il y avoit beaucoup de Catholiques sécrets dans la Ville de Dombea, un grand peuple s'assembla aux portes de la prison, où le Père Cassien, qui sçavoit parfaitement la langue du pays, fit un long discours sur l'aveuglement de ceux qui étoient séparés de l'Eglise Romaine; il parloit naturellement avec beaucoup de grace & de douceur, & la langue Abissine favorisoit son talent naturel, parceque d'elle-même elle est fort douce (1), son discours faisoit impression; mais la Cour bien-tôt instruite de ce qui se passoit envoya ordre de les mettre dans une basse-fosse, d'où ils ne sortirent, quelques jours après, que pour aller paroître devant le Roi & l'Archevêque, qui fut enfin forcé par les représentations de tous les grands du Royaume de prendre place au Tribunal assemblé pour les juger.

(1) Ce caractère de douceur appartient surtout à la langue des *Amara* qui est toujours parlée à *Gondar*. *(A. d'A.)*

9*

Dès que les Appariteurs leur eurent annoncé
qu'ils devoient paroître le jour même devant leurs
Juges, ils se prosternèrent, bénissant le Seigneur
de la grace qu'il leur accordoit, persuadés qu'avant
le soleil couché ils répandroient leur sang pour
JÉSUS-CHRIST; & dans les sentimens de joie &
de douceur dont ils étoient tous comblés, ils parurent aux pieds du Trône, les fers aux pieds, &
une grosse chaîne qui les lioit tous deux par un
anneau qu'ils avoient au col : on les y vit pleins
de cette confiance que JÉSUS-CHRIST a inspirée
à ses Apôtres, en leur disant : « Lorsque vous
» serez traînés devant les Rois & les Magistrats,
» ne vous embarrassez point, ni de la manière dont
» vous devez leur parler, ni de ce que vous aurez
» à leur répondre, l'Esprit Saint mettra dans votre
» bouche ce que vous aurez à dire. » On les entendit répondre aux divers interrogats qu'ils subirent
avec cette assurance respectueuse que donne l'innocence, & que l'Esprit de Dieu dirige.

L'Empereur les interrogea lui-même; & leur
demanda premièrement qui ils étoient, & ce qu'ils
venoient chercher en Éthiopie? Le Père Cassien
répondit pour lui & pour son Compagnon, qu'ils
étoient Catholiques Romains, faisant profession
de la vie Religieuse dans l'Ordre de Saint François, apellé l'Ordre des Capucins; que la France
étoit leur patrie où ils pouvoient jouir tranquile-
ment des avantages que leurs biens & leur nais-

sance devoient leur procurer, mais qu'ils avoient renoncé par le Vœu d'une pauvreté, semblable à celle de JÉSUS-CHRIST, à tout ce qu'ils pouvoient espérer dans le monde, pour aller, à l'éxemple de leur Divin Maître, porter les lumières de la vérité dans les pays infidéles; que telle avoit toujours été leur vocation, & que c'étoit l'inspiration divine qui les avoit conduits en Éthiopie, n'ayant d'autre intention que de travailler au salut des Abissins, & de les réunir au sein de l'Eglise Catholique, hors laquelle il n'y a point de salut.

Le Roi leur demanda en second lieu ce qu'ils avoient à dire à l'Archevêque, qui étoit présent, & qu'ils eussent à s'expliquer. Ils répondirent que ce qu'ils avoient à lui dire étoit contenu dans les Lettres du Patriarche d'Alexandrie addressées au Roi, à l'Archevêque, aux Religieux & au peuple. Ces Lettres n'avoient pas encore été ouvertes, Ariminius & Pierre Leon ayant eu le crédit d'en empêcher l'ouverture; mais le Roi ordonna qu'on les lût, & on y vit que ce Patriarche recommandoit également à tous de recevoir avec honneur les Pères Agathange & Cassien comme des hommes d'une vie sainte, de mœurs les plus éxemplaires & les plus irréprochables; exhortoit le Prince & les sujets à écouter leur Doctrine comme la plus saine dans la Foi; & finissoit en priant le Seigneur que ces deux Apôtres eussent fait autant

de bien en Éthiopie qu'ils en avoient fait en E-
gypte, où il les avoit connus & pratiqués assez
longtems pour répondre de leur vertu & de leur
religion.

Ariminius eut bien de la peine à soutenir la
lecture entière de ces lettres qu'il n'osa cependant
interrompre par respect pour l'Empereur : mais
à peine fut-elle finie, qu'il prit la parole, ou plûtôt
ouvrit la bouche pour invectiver contre le Patriarche, le traitant de monstre à demi Cophte,
à demi Romain, que c'étoit le Père Agathange
qui avoit abusé de sa vieillesse, pour lui fasciner
les yeux & le pervertir : que ce Père Agathange
qu'il voyoit devant ses yeux étoit un scélérat,
qu'il l'avoit connu en Egypte, & qu'on devoit
craindre en Éthiopie ses artifices dont il connoissoit plus que personne la malice & la hardiesse;
qu'il ne s'y trompoit pas, qu'il étoit envoyé par
le Pape de Rome, pour être Archevêque des
Catholiques Romains comme il l'étoit des Cophtes, & finit en ordonnant; car alors il prit le ton
sur le Roi même, que les lettres du Patriarche
fussent brûlées avec les reliques & les images
qu'on avoit trouvées dans le bagage de ces Religieux, que les Calices & les Autels portatifs
fussent brisés, & tout ce qui leur avoit appartenu,
regardé comme execrable & digne d'anathême.

Le troisième article de leur interrogatoire sur
lequel le Roi parut insister davantage, fut sur

ce qu'ils avoient osé entrer sur les terres de son Empire malgre l'Edit qui en défendoit l'entrée à tous les Catholiques Romains. Le Père Cassien répondit qu'ils avoient sçu qu'il y avoit un Edit qui interdisoit l'entrée du Royaume aux Portugais, mais que ni lui ni son compagnon n'étoient point de cette nation, qu'ils étoient François, Nation qui n'avoit rien à démêler avec Sa Majeste Éthiopienne, & qu'étant porteurs des lettres du Patriarche d'Alexandrie, dont la Jurisdiction s'étendoit dans toute l'Abyssinie, & avoués par lui, ils n'avoient pas cru désobéir aux Lois du Royaume; mais pourquoi, repliqua le Roi, cette affectation de prendre l'habit de Religieux Cophtes pardessus celui que vous portez ordinairement? On ne se déguise point ainsi sans avoir quelque mauvais dessein : non, Sire, repartit aussi-tôt le Père Cassien, nous ne l'avons fait que de concert avec le Patriarche, qui voulant nous envoyer dans ce Royaume pour.y porter des paroles de paix & de salut, a jugé que nos habits y étans entièrement inconnus, nous serions exposés dans les chemins à des insultes & à de mauvais traitemens qu'on ne nous feroit point sous l'habit de Religieux Cophtes, honoré dans les deux Régions d'Egypte & d'Éthiopie.

Le Roi & les Grands de sa Cour contens de leur réponse, jugeoient qu'il falloit les renvoyer hors du Royaume avec défense d'y rentrer; &

sans rien prononcer de décisif les renvoyèrent en
prison. Mais l'Archevêque & la Reine mère vouloient leur mort; & par le moyen de Pierre Leon,
qui avoit déjà acquis une grande réputation dans
tout ce pays, ils excitèrent une sédition parmi le
peuple qui vint se présenter tumultueusement
aux portes du Palais, criant en fureur que le Roi
favorisoit les Catholiques comme son père, qu'il
ne tenoit qu'extérieurement à la Confession de
Foi d'Alexandrie, que c'étoit à dessein qu'il con-
servoit les deux prisonniers françois, que ces sé-
ditieux apelloient les Emissaires du Pape, quoiqu'on les retint pour quelque tems en prison,
qu'il falloit les chasser incessamment & leur livrer
l'Evêque de Nisse & deux autres Jésuites qui
étoient encore dans le Royaume.

Le peuple n'avoit pas compris les desseins de
la Reine mère & de l'Archevêque, en demandant
simplement l'éxil des Pères Agathange & Cassien;
Ariminius revint à la charge, & abusant du pouvoir qu'il avoit sur l'esprit du Roi tout troublé
par la révolte de ses sujets, il lui dit que s'il vouloit conserver sa couronne, il falloit non qu'il
chassât ces deux Religieux de ses Etats, mais
pour prouver qu'il étoit véritablement de la communion Alexandrine, qu'il les obligeât à en faire
profession eux-mêmes, puisqu'ils s'étoient présenté sous l'habit de Religieux de cette secte, ou
qu'à leur refus il les fit mourir.

L'expédient fut jugé prudent par tout le Conseil. Les prisonniers furent aussi-tôt cités au Tribunal, auquel le Roi présidoit, & les interrogeant encore lui-même, il leur demanda s'ils étoient baptisés & circoncis? Nous sommes baptisés par la grace de Dieu, répondit le Père Cassien, mais circoncis, non; la Circoncision étant une cérémonie de l'ancienne Loi, un signe extérieur qui distinguoit le peuple Juif des nations idolâtres, mais qui avoit été aboli par JÉSUS-CHRIST Auteur de la nouvelle Loi, & devenu mortifere depuis la promulgation de l'Evangile, qui réunissoit tous les peuples dans la connoissance du vrai Dieu & ne souffroit plus de distinction extérieure : à cette réponse le peuple les chargea d'injures, les apellans bâtards & enfans de fornication; car quoique tous les Éthiopiens ne se fassent pas circoncire, cependant ils regardent comme les plus parfaits parmi eux ceux qui se soumettent à cette Loi sanglante à l'éxemple de JÉSUS-CHRIST. Ce n'est pas là la seule chose en quoi ils semblent judaïser; ils observent le Sabath comme le saint jour du Dimanche, ils s'abstiennent de manger des viandes suffoquées, ni le sang d'aucun animal, ils épousent même les veuves de leurs frères; cependant ils apellent Juifs les Catholiques Romains, mais les hérétiques ne sont jamais conséquens. Dès que les invectives & les clameurs de la populace eurent cessé, le Roi reprit la parole & dit aux

prisonniers : c'est à vous présentement à choisir
entre la vie & la mort; si vous voulez avoir la
liberté & la vie, avec mille avantages que je vous
procurerai dans mon Royaume, faites profession
de la Secte Alexandrine, & recevez la Communion
selon le Rit des Cophtes; si vous vous obstinez
dans la Communion Romaine, vous serez condamnés à mourir. O Empéreur, s'écria alors le
Père Cassien, nous détestons les erreurs de Dioscore avec autant d'horreur que vous détestés
celles de Nestorius, que nous anathématisons
comme vous; c'est la même Eglise toujours in-
faillible dans ses décisions, & invariable dans sa
Foi qui les a condamnées les unes & les autres.
Si vous admettez le Concile d'Ephese, qui a condamné Nestorius, pourquoi n'admettez-vous pas
celui de Calcedoine qui a condamné Dioscore?
Nous reconnoissons deux natures en JÉSUS-
CHRIST, & nous professons que ces deux natures
réunies ne font qu'une seule personne, qui est
Dieu & Homme tout ensemble. Nous reconnoissons la primatie du Siége de Rome, occupé
par le Successeur de Pierre, à qui JÉSUS-CHRIST
a dit tu es pierre, & sur cette pierre je bâtirai
mon Eglise, pais mes ouailles & mes brebis,
c'est-à-dire les Pasteurs & les Peuples, les Patriarches, les Evêques & tous les Fidéles. Nous
voulons vivre & mourir enfans de l'Eglise Catholique, Apostolique & Romaine, hors laquelle

il ne peut y avoir de salut. Nous n'estimons point assez la vie pour l'acheter au prix d'une monstrueuse apostasie, ni les honneurs & les richesses que vous nous proposez pour en jouir aux dépens de notre âme, nous qui dans l'état de Capucins, que nous avons choisi volontairement, avons renoncé à tous les avantages dont le monde flatte ses esclaves.

Le Roi sans s'émouvoir, & peut-être intérieurement frapé de la constance & de la fermeté héroïque avec laquelle ce généreux athlète lui rappelloit les vérités de la Foi, qui peu d'années auparavant dominoit dans son Royaume du vivant de son Père, se tourna vers le Père Agathange & lui demanda s'il étoit dans les mêmes sentimens que son compagnon : le Père Cassien lui ayant expliqué la demande du Monarque, le Père Agathange éleva aussi-tôt la voix & fit sa profession de Foi en langue Arabe, Italienne & Turque, puis s'étant tourné vers son compagnon, il lui parla une langue que personne n'entendoit selon la déposition des témoins, qui ont attesté toutes les circonstances de leur Martyre. Il y a toute apparence que ce fut en François qu'il s'exprima, afin que dans sa langue naturelle il pût marquer ses sentimens avec plus de netteté & de force; on remarqua que son discours fut vehement, qu'il leva souvent les yeux au Ciel, comme pour le prendre à témoin de ce qu'il

disoit. Le Père Cassien reprenant la parole, dit
au Roi; n'en doutez pas, Sire, mon compagnon
est dans les mêmes sentimens que moi, il déteste
vos erreurs, & les Sectaires qui les ont inventées
contre le sentiment de l'Eglise qui les a condamnés assemblée dans ses Conciles & par les décisions les plus solemnelles; nous étions venus
l'un & l'autre envoyés par le Souverain Pontife
votre légitime Pasteur, non pour chercher votre
or & vos perles que nous méprisons & regardons
comme de la boue, mais pour vous faire rentrer
à l'exemple de votre Père le grand & magnifique
Empéreur Susinius dans la Communion du Siége
du Prince des Apôtres, & nous n'avions rien
plus à cœur que de vous procurer & à tous vos
Sujets cet insigne bonheur dont vous vous privez
par une opiniâtreté d'autant plus condamnable
que la lumière de la vérité a souvent lui à vos
yeux, & vous vous êtes toujours empressés de
l'éteindre; mais puisque nous ne pouvons vous
ramener à l'unité par nos instructions, fasse le
Ciel que nous vous y ramenions par la voix de
notre sang que nous répandrons volontiers pour
la cause de JÉSUS-CHRIST & de son Eglise;
l'Archevêque ne put se contenir plus long-tems,
& après avoir invectivé contre le Pape & tous
les Catholiques, il s'écria, ces deux hommes sont
dignes de mort, le Prince n'osa dire le contraire
& les condamna de rechef à être pendus.

§.

Aussi-tôt ils se jettèrent à genoux, & les mains
élevées vers le Ciel, ils rendirent mille & mille
actions de graces à JÉSUS-CHRIST, se donnèrent
réciproquement l'absolution & l'indulgence accordée par les Souverains Pontifes aux Missionnaires qui meurent dans l'exercice de leur Mission; s'étans relévés, le Père Cassien prononça
à haute voix le Symbole de Nicée auquel il
ajoûta plus distinctement les articles de Foi contraires aux erreurs d'Eutichès & de Dioscore, &
déclara de la part de Dieu à tous ceux qui étoient
présens, que c'étoit là la seule créance qui pût
mériter la gloire éternelle; qu'il n'y avoit qu'une
seule foi, comme il n'y a qu'un seul Dieu, que
celle desCophtes, pure invention humaine, n'étoit
digne que des anathêmes de JÉSUS-CHRIST & de
la damnation éternelle dont Dieu menace ceux
qui ne croient pas, parce que ne pas croire ou
croire ce qu'on ne doit pas croire, c'est la même
chose; puis s'adressant aux Catholiques qu'il
sçavoit être en grand nombre parmi les spectateurs de cette sanglante tragédie, il les exhorta
à persévérer dans la Foi qu'ils avoient reçue de
l'Eglise Romaine, la Reine & la Mère de toutes
les Eglises dispersées dans tout l'Univers, seule
le centre de la vérité, qui jamais n'a enseigné ni
n'enseignera l'erreur, toujours soutenue & jus-

qu'à la consommation des siècles, par l'infailli-
bilité des promesses de son époux JÉSUS-CHRIST.

:Les bourreaux ne leur laissèrent pas le tems
d'en dire davantage, ils les conduisirent au lieu
patibulaire, où ils les dépouillèrent entièrement
de leurs habits, ce qui fut pour eux un supplice
plus cruel que la mort; mais ces bourreaux dans
leur trouble ou plûtôt dans leur fureur avoient
oublié des cordes pour l'éxécution; nos deux Missionnaires toujours en possession d'eux-mêmes,
voyans à leur agitation qu'il leur manquoit quelque chose s'informèrent de ce que ce pouvoit
être, & dès qu'ils le sçurent, ils dirent avec tranquillité, il ne doit pas manquer de cordes ici,
puisque nous en avions il n'y a qu'un moment,
deux qui nous servoient de ceintures : ils ne le
dirent pas pour engager les bourreaux à s'en
servir en effet; mais embrasés du zèle du Martyre
dont ils avoient demandé à Dieu la grace depuis
plusieurs années, ces deux Pères ayant déclaré
plusieurs fois que depuis qu'ils étoient dans les
Missions ils n'avoient jamais célebré les divins
Mistères qu'ils n'eussent demandé cette faveur
précieuse de répandre leur sang pour la Foi; ils
desiroient avec ardeur de toucher à cet heureux
moment qu'ils ne voyoient différer qu'avec une
peine d'autant plus grande que l'état de nudité
où ils étoient à la face de tout un peuple de différent sexe, faisoit souffrir à leur pudeur un

tourment qu'elle ne pouvoit supporter; ils disoient intérieurement avec JÉSUS-CHRIST, nous avons un Baptême de sang à subir : eh! combien ne souffrons nous pas jusqu'à ce qu'il ne soit consommé; leurs ceintures furent en effet l'instrument de leur supplice, & les bourreaux s'en servirent pour les pendre à des arbres destinés dans le pays à ces sortes d'éxécutions.

Ce ne fut cependant pas ce genre de mort qui termina leur vie & leur Martyre, les cordes étoient trop grosses pour les pouvoir suffoquer en peu de tems; mais les Schismatiques que l'Archevêque avoit menacé d'excommunication s'ils ne jettoient au moins chacun une pierre aux deux Missionnaires, les lapidèrent jusqu'à les faire périr sous leurs coups avec tant d'inhumanité, que le Père Agathange eût d'un coup de pierre l'œil droit tiré hors de la tête. Lorsqu'ils furent détachés de la potence, la populace toujours aveugle dans sa fureur revint à la charge & les ensévelit sous un monceau de cailloux, que chacun se faisoit un devoir de Religion de jetter les uns sur les autres, ne pouvans plus atteindre jusqu'à leurs corps.

§.

Le Seigneur ne tarda pas à faire éclater la gloire de ces deux illustres Défenseurs de son culte : dès le soir même on vit sur le lieu où ils étoient demeurés ensevelis un grand nombre de lumières distinctes, dont l'éclat attira bientôt tous les Habitans de la Ville de Dombea. Une merveille aussi éclatante auroit dû les faire rentrer en eux-même; déjà ils avoient vu un d'entr'eux connu par son zèle pour la Communion Alexandrine, qui ravi d'admiration en voyant la patience invincible de ces deux Héros Chrétiens, & frapé par un de ces coups de la Grace, qui fait subitement quand il lui plaît d'un loup furieux un agneau docile, avoit fendu la presse, & colant sa bouche sur les pieds de ces Saints encore attachés à la potence, confessa publiquement qu'il n'avoit d'autre Foi que la leur, & qu'il étoit prêt de mourir pour la même cause; mais les miracles & les bons exemples ne servent souvent qu'à aveugler des esprits prévénus & à endurcir des cœurs qui aiment leurs erreurs. Les Éthiopiens voyoient ces lumières miraculeuses sortans de sous un tas de pierres qui naturellement ne les pouvoit produire, & bien loin de rendre gloire à celui qui manifestoit celle de ses serviteurs, ils se disoient les uns aux autres, *voyez comme ces Juifs font du feu.* Les Catholiques pensoient bien autrement, ils louoient dans leurs cœurs le Dieu de ces deux Martyrs, & ne cessoient de venir tous les soirs confondus avec les Schismatiques admirer cette merveille du Seigneur qui dura pendant huit jours. Le Roi en fut informé &

voulut voir par lui-même ce que le bruit publique
lui annonçoit, & ce qu'Ariminius & Pierre Leon
vouloient faire passer dans son esprit pour un
prestige ou une fourberie adroitement menagée
par les Catholiques ; il se cacha dans un lieu où
sans être vu de personne il pouvoit découvrir
tout ce qui se passoit autour de la place où re-
posoient les corps de ceux qu'il avoit fait mourir,
bien résolu de punir exemplairement ceux qui
auroient été assez hardis pour en imposer au
peuple, par ce qu'il croyoit être une imposture ;
mais il fut convaincu du contraire & de l'injustice
qu'il avoit commis en condamnant deux innocens
à la mort : les éclats de feu & de lumière qui
partoient du lieu de leur supplice où il étoit arrivé long-tems auparavant qu'ils eussent commencé de paroître, examinant tout avec la plus
scrupuleuse attention par lui-même, & par ceux
qui l'accompagnoient, le remplirent d'admiration
& d'effroi, mais ne le convertirent pas : de retour
à son Palais, il envoya ordre d'inhumer dans un
endroit plus décent les deux Capucins ; mais tandis qu'on enlevoit les pierres dont ils étoient
couverts, un orage subit qui tenoit du miracle
survint & écarta les Schismatiques effrayés, qui
crurent la vengeance de Dieu prête à éclater sur
eux. Les Catholiques restés seuls & comblés
d'une joye sainte, pendant que les autres étoient
frapés d'une juste terreur transportèrent ces pré-

cieux dépôts au-delà de l'enceinte de la Ville &
les inhumèrent, non avec magnificence, mais
avec une piété remplie de la plus tendre consolation; les larmes que la douceur de l'esprit de
Dieu & son onction intérieure faisoient couler
des yeux des Fidéles tenoient lieu de pompe
funébre; on n'entendit point alors ces prières
tristes & lugubres qu'on fait dans l'Eglise pour
les Morts, ce seroit faire injure aux Martyrs que
d'intercéder pour eux; c'est pourquoi tout le reste
de la nuit se passa à chanter des Cantiques de
louange & à bénir ce Dieu tout-Puissant qui
donne à ses Héros la force de combattre jusqu'à
la mort pour son Nom, & qui veut bien être
lui-même leur recompense & leur couronne.

Les lumières éclatantes qui parurent à Dombea
sur les Corps de nos deux Martyrs ne furent pas
la seule merveille que Dieu opéra pour manifester leur gloire; il voulut récompenser par un
autre prodige la charité de cette pieuse Religieuse
nommée Monique, sœur du Gouverneur de Barva,
en permettant que le Père Cassien, de qui elle
avoit reçu les lumières de la Foi, lui apparût la
nuit qui suivit son Martyre, tout rayonnant de
gloire, & montant au Ciel un Etendard à la main.
Elle le dit le lendemain à un Prêtre Portugais,
qui n'étoit connu que d'elle & de quelques catholiques, & qui l'a assuré par serment, ajoûtant
qu'on ne reçût, ni ne pût recevoir la nouvelle de

ce qui s'étoit passé à Dombea que huit jours
après cette apparition.

Une Religieuse nommée la Mère Pacifique,
Abbesse des Dames Capucines de Tours, eut par
une autre voie également miraculeuse connoissance de la mort & de la gloire de ces deux Martyrs; une fille de son Couvent nommée Sœur
Claire, décédée depuis quelque tems, lui apparut
par la permission de Dieu, & lui dit qu'elle &
une autre Religieuse Capucine de la Communauté de Paris venoient d'être délivrées des flâmes
du Purgatoire par les mérites du Père Agathange
de Vendôme & du Père Cassien de Nantes, qui
avoient été le jour même de cette apparition
martirysés en Éthiopie.

§.

Cependant l'Evêque Ariminius & Pierre Leon,
après avoir dissipé non sans peine les frayeurs
de la Cour excitées par les merveilles arrivées
sur les Corps des Martyrs, triomphoient, l'un de
n'avoir plus à craindre un rival, l'autre d'avoir
fait périr celui qu'il regardoit comme seul capable
de confondre ses erreurs, & de l'empêcher de
faire de l'Abissinie un Empire tout Luthérien;
mais le triomphe de celui-ci ne fut pas de longue
durée; il avoit gagné la confiance de l'Empéreur,
& lui avoit tellement fasciné les yeux, que quoique
Religieux il profita des dépouilles des Pères Jé-

10*

suites éxilés du Royaume, & reçut de sa libéra-
lité une maison de plaisance, qu'on apelloit dans
le langage du pays *hevestè Christos* (1), c'est-à-
dire jardin de Christ. Il parut mériter d'abord la
considération où il étoit auprès des grands, du
peuple, & particulièrement du Prince. Les Abissins sont extrêmement ignorans, mais ils estiment
ceux qui sont sçavans; Pierre Leon l'étoit sur-
tout dans les langues Grecque & Hébraïque.
Aussi-tôt après son arrivée, il demanda à l'Empéreur la permission d'établir une Ecole publique,
pour y enseigner ces langues dont on fait beaucoup de cas dans le pays; bien-tôt il eut sous sa
discipline tous les enfans des Princes & des
grands, il né dédaigna pas même d'y admettre
ceux qui étoient d'une moindre condition, parce
qu'ils étoient plus propres à ses desseins; il lui
importoit beaucoup de paroître désintéressé, &
de renoncer à de petits intérêts pour parvenir
ensuite à de plus grands, aussi enseignoit-il gra-
tuitement; & dans les loisirs que lui laissoit sa
classe, on le voyoit aller visiter les malades, à
qui il donnoit ses soins & les remédes nécessaires
sans en retirer aucun émolument : nul Cophte
plus éxact observateur en apparence des pratiques de l'Eglise d'Alexandrie que Pierre Leon;
il paroissoit porter la rigueur du jeûne, qui est

(1) Peut-être *Hĭbĭsta Krĭstos* pain (et non jardin) du
Christ. *(A. d'A.)*

extrême en Éthiopie, au-delà même des bornes ordinaires; mais on ne lui fera pas tort de penser qu'il se dédommageoit en secret de ce qu'il pouvoit lui en coûter au-dehors pour paroître Religieux pénitent & austère; on sçait que le jeûne n'est pas une vertu des Luthériens : enfin il eût joui de toute la réputation d'un Apôtre digne des premiers siècles, si les méchans pouvoient se cacher longtems aux yeux des hommes, & si Dieu permettoit que l'hypocrisie ne se démasquât pas elle-même.

Plein de son projet d'attirer à la secte de Luther tous les Abissins, il ne vit pas plûtôt les Pères Agathange & Cassien hors d'état de lui nuire, qu'il commença par répandre ses erreurs parmi ses écoliers : il attaqua premièrement l'honneur qu'ils rendoient aux Images des Saints, & les prières qu'ils leur adressoient; vous condamnez, leur disoit-il, les figures en relief, & vous honorez celles qui sont peintes; car les Éthiopiens n'admettent point de sculptures dans leurs Eglises, sans doute que vous refusez d'honorer les unes, parce que vous regardez comme une espéce d'idolâtrie de rendre un culte à des statues. Y en a-t-il moins à revérer des images? Son raisonnement étoit juste en opposant ainsi la Doctrine des Cophtes à elle-même; pourquoi ajoûtoit-il avez-vous recours à leur intercession? JÉSUS-CHRIST est le seul Médiateur entre Dieu le

Père & les hommes; & c'est faire injure à sa
médiation, comme si elle étoit insuffisante, que
de chercher d'autres Médiateurs : des enfans
n'étoient pas capables de lui répondre, ils rap-
portoient ces discours à leurs parens qui en furent d'abord scandalisés, mais qui n'osèrent éclater, par la crainte de déplaire à l'Empéreur.

Pierre Leon prêchoit souvent en présence de
la Cour, mais dans les commencemens il enve-
loppoit ses erreurs avec tant d'artifice qu'on s'en
seroit à peine apperçu, & qu'il les auroit infailliblement insinuées dans tous les esprits, s'il ne
se fut rendu suspect par les discours plus ouverts
qu'il tenoit dans son école; il s'avisa même d'y
défendre à ses écoliers de réciter la Salutation
Angélique au commencement & à la fin de la
classe; ce fut là l'époque de son discredit; dèslors
grands & petits retirèrent leurs enfans des mains
d'un si dangéreux maître; nulle nation plus attachée au culte de la Mère de Dieu que l'Éthiopienne, & Pierre Leon fut un fourbe bien imprudent & bien mal-habile de s'attaquer d'abord
à ce qu'il sçavoit être l'objet le plus accrédité
de la dévotion des Cophtes. Le Peuple & la Noblesse portèrent de concert leurs plaintes à Basilidès, & demandèrent que Pierre Leon fut
chassé du Royaume; l'Empereur l'aimoit trop
pour consentir à leurs demandes; il leur promit
seulement qu'il lui feroit faire une retractation

publique & une nouvelle profession de la Foi
Alexandrine.

Ces promesses appaisèrent la colère du peuple,
mais elle n'arrêtèrent pas la téméraire hardiesse
du Luthérien; il s'enveloppa à la façon de tous
les hérétiques dans mille expressions équivoques,
promit beaucoup & ne tint rien, & même bien-
tôt après, Dieu pour le conduire à la vengeance
éclatante qu'il en vouloit tirer, l'abandonna à
un si terrible aveuglement, que non-seulement
il recommença ses blasphèmes, mais même il
envoya quelques Disciples qu'il avoit déja formés
au Luthéranisme dans différentes Provinces du
Royaume pour y semer cette pernicieuse doctrine : par-là il combla la mesure de ses iniquités, & arriva enfin à sa perte.

Le peuple ne put souffrir plus long-tems les
outrages que cet Hérétique faisoit sans cesse à la
Religion de ses Pères, & animé par la Noblesse
& par Ariminius même, qui ne pouvoit voir
qu'avec une extrême jalousie la préférence d'e-
stime & de confiance que l'Empéreur donnoit à
Pierre Leon, lui demandèrent son éxil de façon
à ne vouloir plus être refusés; de sorte que ce
Prince fut obligé malgré lui de le chasser de ses
Etats; mais il accompagna cet acte de justice
d'une infinité de bienfaits, qui firent assez voir
la violence qu'il se faisoit en se privant de lui;
il lui donna des sommes considérables, qui jointes

à celles qu'il avoit acquises par son industrie &
ses intrigues secrettes lui eussent procuré un
établissement heureux selon le monde, par-tout
où il eût voulu choisir sa retraite, si Dieu qui ne
vouloit pas que ses iniquités demeurassent im-
punies, même dans la vie présente, n'eût permis
que ce que Pierre Leon regardoit comme la
source d'un bonheur que personne ne pouvoit plus lui envier, devint l'instrument de sa
perte.

Chargé d'argent & de trésors, accompagné
d'une nombreuse suite de domestiques & d'un
équipage de Prince; ce méchant homme reprit
la route du grand Caire où il vouloit fixer sa
demeure, s'embarassant fort peu d'y avoir paru
depuis peu d'années sous l'habit humble & modeste d'un pauvre Religieux, & se faisant un
plaisir digne de son orgueil & de sa vanité, d'y
paroître dans tout l'éclat que sa fortune sembloit
l'y permettre; mais la justice de Dieu l'attendoit
dans la route pour déconcerter tous ses orgueil-
leux projets. Le Bacha de Souaquen, le même
qui avoit conduit les Pères Agathange & Cassien
du grand Caire en cette Ville, qui avoit été informé que Pierre Leon avoit été la cause de la
mort de ces deux Religieux, pour qui il avoit
conçu de l'estime jusqu'à les recommander spécialement au Caravan Bachi ou chef de la Cara-
vanne, qui les avoit conduits à Barva, & de qui

il apprit leur emprisonnement dans Barva, &
toutes les circonstances de leur mort à Dombea;
instruit aussi que Pierre Leon revenoit d'Éthiopie, enrichi des libéralités de l'Empereur; excité
d'ailleurs par son avarice, qui étoit sa passion
dominante, comme l'est celle de presque tous
les Turcs, forma le dessein de profiter de toutes
les dépouilles de ce malheureux, dont l'acquisition
ne lui coûteroit que de lui faire trancher la tête.
Il donna de bons ordres, pour être informé de
son passage à Souaquen; & à peine y fut il arrivé qu'il le fit amener en sa présence.

Qui êtes-vous, lui dit le Bacha, & d'où venez-
vous? Je suis Pierre Leon, & je reviens d'Éthiopie, lui répondit-il. Quoi répliqua ce Bacha, vous
êtes ce Pierre Leon, qui passâtes par Souaquen
il y a environ trois ans, dans un habit de Moine,
& dans la compagnie d'un Evêque qui passoit
en Éthiopie, & présentement vous paroissez ici
dans un équipage tout différent, & avec une suite
qui annonce de grands biens; sans doute que vous
êtes de ces voleurs qui infectent tout ce Pays, &
qui volent tous les passans qui ne sont pas en
état de leur résister; & sans attendre la réponse
que Pierre Leon, qui dans ses yeux menaçans
avoit déjà lu son Arrêt de mort; il le fit conduire
en prison où l'ordre étoit déjà donné de lui ab-
battre la tête d'un coup de sabre, ce qui fut éxécuté à son arrivée.

Tous ses trésors & équipages passèrent chez
le Bacha, sans qu'aucun osât se plaindre de cette
injustice. Les Domestiques & les Disciples de
Pierre Leon, qui l'avoient suivi pour partager
sa fortune, ou se firent Turcs pour sauver leur
vie, ou passèrent dans les Indes, sans que depuis
ce tems-là on en ait entendu parler. Qui est-ce
qui ne reconnoîtra dans cette sanglante Tragédie,
la main d'un Dieu vengeur, qui laisse à l'Impie
le tems de consommer ses crimes, & celui de
faire pénitence s'il le veut; mais qui après avoir
longtems gardé le silence, jusques-là que le méchant s'accoutume à croire que Dieu l'a perdu
de vue ou approuvé, ses iniquités s'élevent avec
fureur pour le renverser & le détruire.

§.

C'est ainsi que tout l'édifice d'une fortune à
laquelle Pierre Leon travailloit depuis si long-
tems par mille pratiques sourdes & cachées, dans
lesquelles il mêloit la Religion & l'intrigue, fut
renversé d'un seul coup de vent. Si on se sou-
vient encore de lui sur la terre, ce n'est que pour
en parler avec horreur.

Il n'en est pas de même des Révérends Pères
Agathange & Cassien, leur mémoire est en bénédiction dans les Pays étrangers comme dans leur
Patrie, la bonne odeur de leurs vertus se fait
sentir chez les Infidèles même. Tous les Catho-

. liques de la Palestine, d'Egypte & d'Éthiopie les
regardent comme de vrais Martyrs, & attendent
avec impatience que l'Eglise leur en décerne le
titre & les honneurs. Les Schismatiques vont à
leur tombeau implorer par leur intercession les
graces du Ciel, & les Turcs même pleins de vénération pour eux, malgré le mépris & la haine
qu'ils ont pour les Chrétiens, ont avoué dans
plusieurs occasions qu'ils se sont adressé à eux
dans plusieurs nécessités, & qu'ils en avoient reçu
des secours qu'ils ne pouvoient attribuer qu'à
leur pouvoir auprès de Dieu.

Les Capucins Missionnaires en Égypte, furent
premièrement informés par le Grec Constantin
habitant de Souaquen, de la mort violente des
Révérends Pères Agathange & Cassien, & de
toutes ses circonstances; mais comme ils souhaitoient en avoir des Relations juridiques, ils
eurent recours à deux Révérends Pères de l'Observance qui passèrent alors par le Caire, l'un
nommé Antoine Virgoletto, l'autre Antoine à
Sanctâ Paganâ tous deux Italiens, qui étoient envoyés en Éthiopie par la Sacrée Congrégation
de la Propagation de la Foi, en qualité de Missionnaires Apostoliques, & les prièrent de faire
les informations juridiques de la mort de ces
deux serviteurs de Dieu, ce qu'ils firent ayans
trouvé le moyen d'entrer en Éthiopie sans être
reconnus, & en envoyèrent les Procès-verbaux

au Supérieur des Capucins du Caire, le Père
Agathange de Morlaix, celui-là même qui étoit
aussi un des Missionnaires destinés pour accompagner le Père Agathange & le Père Cassien,
Procès-verbaux qu'ils envoyèrent aussi à Rome.
Leur date est du 20 Février 1640, mais dès
l'année 1639 deux Capucins qui étoient Missionnaires dans les Indes; sçavoir les Pères Pierre
de Viviers & Zenon de Baugé s'étoient adressés
à Dom Alphonze Mendez, ce Patriarche qui
avoit été chassé d'Éthiopie & qui faisoit sa rési-
dence à Goa, pour sçavoir des nouvelles certaines
de la mort de leurs confrères & de ses circonstances dont ils avoient eu quelque relation, mais
sur laquelle ils ne pouvoient compter : ce Prélat
leur envoya celle qu'il avoit reçu des Révérends
Pères Louis de Cardeira Portugais & Bruno de
Sanctâ Cruce Italien, tous deux de la Société de
JÉSUS, qui étoient restés cachés en Éthiopie dans
le tems de la persécution, Mendez envoya cette
même relation à la Sacrée Congrégation *de Propagandâ Fide.*

Les Procès-verbaux des Pères Virgoletto &
d'Antoine à Sanctâ Paganâ, & la relation du
Révérendissime Patriarche Mendez, ayant été
murement éxaminés par les Eminentissimes Cardinaux qui composent la Sacrée Congrégation
établie pour la Propagation de la Foi, ces Prélats decrétèrent d'en donner avis au Souverain

Pontife, alors Innocent X, pour commencer de procéder à la Béatification des Pères Agathange de Vendôme & Cassien de Nantes. Sa Sainteté informée, & président à la dite Congrégation, donna le decret suivant.

« Le Révérendissime Père en Dieu Homodeo, » ayant fait le récit de la mort violente que les » deux Pères Agathange de Vendôme & Cassien » de Nantes, Capucins François & Missionnaires » de la Sacrée Congrégation ont enduré pour la » Foi Catholique en Éthiopie, par Sentence du » Roi, Notre Saint Père le Pape a ordonné que » cette Relation fut renvoyée à la Sacrée Con-» grégation des Rites, afin qu'on fasse les infor-» mations juridiques selon la manière de procéder » dans la Cour Romaine. »

Ce decret est du 17e Février 1648, & le Procès de leur Béatification étoit fort avancé, lors qu'Innocent X par l'ordre duquel on y travailloit mourut. Le Pape Alexandre VII qui lui succéda, fut sollicité par des personnes de la première distinction dans le Royaume de France, de reprendre cette affaire qui avoit souvent été interrompue par d'autres plus pressantes, & telles qu'on sçait avoir occupé son Pontificat. Louis XIV ce Prince objet de l'admiration de toute l'Europe, qui jamais n'a laissé passer une occasion pour faire éclater son zèle pour la Foi Catholique en écrivit lui-même à Sa Sainteté, & nous donnons ici

la version Françoise de sa Lettre qui étoit écrite
en Latin.

«TRÈS SAINT PÈRE, les Capucins de notre
»Royaume Nous ayant fait le rapport que le
»Père Agathange de Vendôme & le Père Cassien
»de Nantes, Profés de leur Ordre, se seroient
»rendus dans l'Éthiopie pour y annoncer l'Evan-
»gile, & après y avoir travaillé pendant quelque
»tems avec de grands succès, y auroient couronné
»leurs travaux par le Martyre, l'an 1638, ayans
»été pendus & lapidés avec une fureur & une
»cruauté les plus capables de distinguer leur zèle
»& leur constance. Les circonstances de leur
»Martyre ayans paru prodigieuses, & les infor-
»mations qui en auroient été faites avec toute
»l'exactitude possible, ayans été présentées à
»Innocent X de sainte mémoire, le Prédécesseur
»de votre Sainteté, lequel auroit ordonné qu'on
»les éxaminât à telles fins qu'on pût procéder à
»la Béatification de ces deux Serviteurs de Dieu,
»selon la forme ordinaire & usitée en pareil
»cas.

«L'éxécution de ce pieux dessein prévénue
»par la mort du Souverain Pontife, & la pour-
»suite de cette affaire ayant été interrompue
»jusqu'à présent, Nous avons pensé qu'elle ne
»pouvoit être reprise dans un tems plus con-
»venable que sous le Pontificat de Votre Sain-
»teté; car tous les jours nous connoissons par

» expérience ces dispositions à nous favoriser,
» principalement dans ces sortes d'affaires qui
» concernent non-seulement le bien universel de
» l'Eglise & l'édification des Fidéles, mais encore
» notre particulière satisfaction. Appuyés sur
» cette confiance, Nous Vous supplions de rece-
» voir les nouvelles instances qui se feront en
» Notre nom pour la Béatification de ces deux
» Martyrs, de vouloir bien ordonner & commettre
» à cette fin, que les procédures encommencées
» sous le Pontificat d'Innocent X votre Prédéces-
» seur soient continuées selon les suppliques qui
» Vous en seront faites plus amplement de notre
» part.

> « *A Saint Germain en Laye, le 17 May 1665.*
>
> Signé LOUIS. »

Une pareille Lettre du Fils aîné de l'Eglise &
qui avoit tant mérité d'Elle ne pouvoit manquer
d'avoir tout l'effet que s'en promettoit ce Religieux Monarque, si Alexandre VII avoit vêcu
assez long-tems pour y faire toute l'attention
qu'elle méritoit; mais il mourut en 1667, & ce
ne fut que deux ans après, sous le Pontificat de
Clément IX que la Sacrée Congrégation des Rites
répondit en conformité des conclusions du Promoteur de la Foi, aux Relations qui lui avoient
été communiquées par celle *de Propagandâ Fide.*
Cette réponse est du 20ᵉ Juillet 1669 : on ignore

quelles ont été les conclusions du Promoteur
de la Foi, il y a toute apparence qu'elles tendoient
à des plus amples informations, ce qui ne se peut
faire sans de grands frais, vu la distance des lieux
& la difficulté d'informer dans un Royaume, d'où
la Religion Catholique a été presque entièrement
bannie depuis 1630 jusqu'à-présent. Le Roi actuellement régnant y paroissant plus favorable,
on espére réussir à faire reprendre les procédures
pour la Béatification des Révérends Pères Agathange de Vendôme & Cassien de Nantes, dont
nous souhaitons que la vie & les actions que nous
venons de raporter servant à l'édification des
Fidéles, puissent ranimer en eux cet esprit de la
Foi qui s'éteint tous les jours, & qu'enfin leurs
mérites & leur intercession nous procurent une
part à la Gloire dont nous avons tout lieu de
croire qu'ils jouissent dans le Ciel.

FIN.

VIENNE. — TYP. ADOLPHE HOLZHAUSEN,
IMPRIMEUR DE LA COUR I. & R. & DE L'UNIVERSITÉ.

VIENNE. — TYP. ADOLPHE HOLZHAUSEN,
IMPRIMEUR DE LA COUR I. & R. ET DE L'UNIVERSITÉ.

www.ingramcontent.com/pod-product-compliance
Lightning Source LLC
Chambersburg PA
CBHW052356090426

42739CB00011B/2395